Todos los libros de Linkgua Ediciones cuentan con modelos de Inteligencia Artificial entrenados por hispanistas. Pregúntale al chat de tu libro lo que desees acerca de la obra o su autor/a.

Para **ebooks:** Accede a nuestro modelo de IA a través de este enlace.

Para **libros impresos:** Escanea el código QR de la portada con tu dispositivo móvil.

Obtén análisis detallados de nuestros libros, resúmenes, respuestas a tus preguntas y accede a nuestras ediciones críticas generativas para una experiencia de lectura más enriquecedora.
La transparencia y el respeto hacia la autoría de las fuentes utilizadas son distintivos básicos de nuestro proyecto. Por ello, las respuestas ofrecen, mediante un sistema de citas, las fuentes con las que han sido elaboradas.

Autores varios

Constitución de Guatemala de 1985

Barcelona 2024
Linkgua-ediciones.com

Créditos

Título original: Constitución de Guatemala.

© 2024, Red ediciones S.L.

e-mail: info@linkgua.com

Diseño de cubierta: Michel Mallard.

ISBN rústica ilustrada: 978-84-9897-296-2.
ISBN tapa dura: 978-84-9953-691-0.
ISBN ebook: 978-84-9897-152-1.

Sumario

Guatemala (31 de mayo de 1985)

INVOCANDO EL NOMBRE DE DIOS

Nosotros, los representantes del pueblo de Guatemala, electos libre y democráticamente, reunidos en Asamblea Nacional Constituyente, con el fin de organizar jurídica y políticamente al Estado; afirmando la primacía de la persona humana como sujeto y fin del orden social; reconociendo a la familia Como génesis primarios y fundamental de los valores espirituales y morales de la sociedad y al Estado como responsable de la promoción del bien común, de la consolidación del régimen de legalidad, seguridad, justicia, igualdad, libertad y paz; inspirados en los ideales de nuestros antepasados y recogiendo nuestras tradiciones y herencia cultural; decididos a impulsar la plena vigencia de los Derechos Humanos dentro de un orden institucional estable, permanente y popular, donde gobernados y gobernantes procedan con absoluto apego al derecho.

SOLEMNEMENTE DECRETAMOS, SANCIONAMOS Y PROMULGAMOS LA SIGUIENTE: CONSTITUCIÓN POLÍTICA DE LA REPÚBLICA DE GUATEMALA

Título I. La persona humana, fines y deberes del Estado

Capítulo único

Artículo 1. Protección a la persona. El Estado de Guatemala se organiza para proteger a la persona y a la familia; su fin supremo es la realización del bien común.

Artículo 2. Deberes del Estado. Es deber del Estado garantizarle a los habitantes de la República la vida, la libertad, la justicia, la seguridad, la paz y el desarrollo integral de la persona.

Título II. Derechos humanos

Capítulo I. Derechos Individuales

Artículo 3. Derecho a la vida. El Estado garantiza y protege la vida humana desde su concepción, así como la integridad y la seguridad de la persona.

Artículo 4. Libertad e igualdad. En Guatemala todos los seres humanos son libres e iguales en dignidad y derechos. El hombre y la mujer, cualquiera que sea su estado civil, tienen iguales oportunidades y responsabilidades. Ninguna persona puede ser sometida a servidumbre ni a otra condición que menoscabe su dignidad. Los seres humanos deben guardar conducta fraternal entre sí.

Artículo 5. Libertad de acción. Toda persona tiene derecho a hacer lo que la ley no prohibe; no está obligada a acatar ordenes que no estén basadas en ley y emitidas conforme a ella. Tampoco podrá ser perseguida ni molestada por sus opiniones o por actos que no impliquen infracción a la misma.

Artículo 6. Detención legal. Ninguna persona puede ser detenida o presa, sino por causa de delito o falta y en virtud de orden librada con apego a la ley por autoridad judicial competente. Se exceptúan los casos de flagrante delito o falta. Los detenidos deberán ser puestos a disposición de la autoridad judicial competente en un plazo que no exceda de seis horas, y no podrán quedar sujetos a ninguna otra autoridad. El funcionario, o agente de la autoridad que infrinja lo dispuesto en este **Artículo** será sancionado conforme a la ley, y los Tribunales, de Oficio, iniciarán el proceso correspondiente.

Artículo 7. Notificación de la cansa de detención. Toda persona detenida deberá ser notificada inmediatamente, en forma verbal y por escrito, de la causa que motivo su detención, autoridad que la ordeno y lugar en el que permanecerá. La misma notificación deberá hacerse por el medio más rápido a la persona que el detenido designe y la autoridad será responsable de la efectividad de la notificación.

Artículo 8. Derechos del detenido. Todo detenido deberá ser informado inmediatamente de sus derechos en forma que le sean comprensibles, especialmente que puede proveerse de un defensor, el cual podrá estar presente en todas las diligencias policiales y judiciales. El detenido no podrá ser obligado a declarar sino ante autoridad judicial competente.

Artículo 9. Interrogatorio a detenidos o presos. Las autoridades judiciales son las únicas competentes para interrogar a los detenidos o presos. Esta diligencia deberá practicarse dentro de un plazo que no exceda de veinticuatro horas.
El interrogatorio extrajudicial carece de valor probatorio.

Artículo 10. Centro de detención legal. Las personas aprehendidas por la autoridad no podrán ser conducidas a lugares de detención, arresto o prisión diferentes a los que están legal y públicamente destinados al efecto. Los centros de detención, arresto o prisión provisional, serán distintos a aquellos en que han de cumplirse las condenas.

La autoridad y sus agentes, que violen lo dispuesto en el presente **Artículo**, serán personalmente responsables.

Artículo 11. Detención por faltas o infracciones. Por faltas o por infracciones a los reglamentos no deben permanecer detenidas las personas cuya identidad pueda establecerse mediante documentación, por el testimonio de persona de arraigo, o por la propia autoridad.

En dichos casos, bajo pena de la sanción correspondiente, la autoridad limitará su cometido a dar parte del hecho a juez competente y a prevenir al infractor, para que comparezca ante el mismo dentro de las cuarenta y ocho horas hábiles siguientes. Para este efecto, son hábiles todos los días del año, y las horas comprendidas entre las ocho y las dieciocho horas.

Quienes desobedezcan el emplazamiento serán sancionados conforme a la ley. La persona que no pueda identificarse conforme a lo dispuesto en este **Artículo**, será puesta a disposición de la autoridad judicial más cercana, dentro de la primera hora siguiente a su detención.

Artículo 12. Derecho de defensa. La defensa de la persona y sus derechos son inviolables. Nadie podrá ser condenado, ni privado de sus derechos, sin haber sido citado, oído y vencido en proceso legal ante juez o tribunal competente y preestablecido.

Ninguna persona puede ser juzgada por Tribunales Especiales o secretos, ni por procedimientos que no estén preestablecidos legalmente.

Artículo 13. Motivos para auto de prisión. No podrá dictarse auto de prisión, sin que preceda información de haberse cometido un delito y sin que concurran motivos racionales suficientes para creer que la persona detenida lo ha cometido o participado en el.

Las autoridades policiales no podrán presentar de oficio, ante los medios de comunicación social, a ninguna persona que previamente no haya sido indagada por tribunal competente.

Artículo 14. Presunción de inocencia y publicidad del proceso. Toda persona es inocente, mientras no se le haya declarado responsable judicialmente, en sentencia debidamente ejecutoriada.

El detenido, el ofendido, el Ministerio Público y los abogados que hayan sido designados por los interesados, en forma verbal o escrita, tienen derecho de conocer, personalmente, todas las actuaciones, documentos y diligencias penales, sin reserva alguna y en forma inmediata.

Artículo 15. Irretroactividad de la ley. La ley no tiene efecto retroactivo, salvo en materia penal cuando favorezca al reo.

Artículo 16. Declaración contra sí y parientes. En proceso penal, ninguna persona puede ser obligada a declarar contra sí misma, contra su cónyuge o persona unida de hecho legalmente, ni contra sus parientes dentro de los grados de ley.

Artículo 17. No hay delito ni pena sin ley anterior. No son punibles las acciones u omisiones que no estén calificadas como delito o falta y penadas por ley anterior a su perpetración.

No hay prisión por deuda.

Artículo 18. Pena de muerte. La pena de muerte no podrá imponerse en los siguientes casos:

a) Con fundamento en presunciones;
b) A las mujeres;
c) A los mayores de sesenta años;
d) A los reos de delitos políticos y comunes conexos con los políticos; y
e) A reos cuya extradición haya sido concedida bajo esa condición.

Contra la sentencia que imponga la pena de muerte, serán admisibles todos los recursos legales pertinentes, inclusive el de casación; este siempre será admitido para su trámite. La pena se ejecutará después de agotarse todos los recursos. El Congreso de la República podrá abolir la pena de muerte.

Artículo 19. Sistema penitenciario. El sistema penitenciario debe tender a la readaptación social y a la reeducación de los reclusos y cumplir en el tratamiento de los mismos, con las siguientes normas mínimas:

a) Deben ser tratados como seres humanos; no deben ser discriminados por motivo alguno, ni podrán infligírseles tratos crueles, torturas físicas, morales, psíquicas, coacciones o molestias, trabajos incompatibles con su estado físico, acciones denigrantes a su dignidad, o hacerles víctimas de exacciones, ni ser sometidos a experimentos científicos;

b) Deben cumplir las penas en los lugares destinados para el efecto. Los centros penales son de carácter civil y con personal especializado; y

c) Tienen derecho a comunicarse, cuando lo soliciten, con sus familiares, abogado defensor, asistente religioso o medico, y en su caso, con el representante diplomático o consular de su nacionalidad.

La infracción de cualquiera de las normas establecidas en este **Artículo**, da derecho al detenido a reclamar del Estado la indemnización por los daños ocasionados y la Corte Suprema de Justicia ordenará su protección inmediata.

El Estado deberá crear y fomentar las condiciones para el exacto cumplimiento de lo preceptuado en este **Artículo**.

Artículo 20. Menores de edad. Los menores de edad que transgredan la ley son inimputables. Su tratamiento debe estar orientado hacia una educación integral propia para la niñez y la juventud.

Los menores, cuya conducta viole la ley penal, serán atendidos por instituciones y personal especializado. Por ningún motivo pueden ser recluidos en centros penales o de detención destinados para adultos. Una ley específica regulará esta materia.

Artículo 21. Sanciones a funcionarios o empleados públicos. Los funcionarios, empleados públicos u otras personas que den o ejecuten ordenes contra lo dispuesto en los dos artículos anteriores, además de las sanciones que les imponga la ley, serán destituidos inmediatamente de su cargo, en su caso, e inhabilitados para el desempeño de cualquier cargo o empleo público.

El custodio que hiciere uso indebido de medios o armas contra un detenido o preso, será responsable conforme a la Ley Penal. El delito cometido en esas circunstancias es imprescriptible.

Artículo 22. Antecedentes penales y policiales. Los antecedentes penales y policiales no son causa para que a las personas se les restrinja en el ejercicio de sus derechos que esta Constitución y las leyes de la República les garantizan, salvo cuando se limiten por ley, o en sentencia firme, y por el plazo fijado en la misma.

Artículo 23. Inviolabilidad de la vivienda. La vivienda es inviolable. Nadie podrá penetrar en morada ajena sin permiso de quien la habita, salvo por orden escrita de juez competente en la que se especifique el motivo de la diligencia y nunca antes de las seis ni después de las dieciocho horas. Tal diligencia se realizará siempre en presencia del interesado, o de su mandatario.

Artículo 24. Inviolabilidad de correspondencia, documentos y libros. La correspondencia de toda persona, sus documentos y libros son inviolables. Solo podrán revisarse o incautarse, en virtud de resolución firme dictada por juez competente y con las formalidades legales. Se garantiza el secreto de la correspondencia y de las comunicaciones telefónicas, radiofónicas, cablegráficas y otros productos de la tecnología moderna.

Los libros, documentos y archivos que se relacionan con el pago de impuestos, tasas, arbitrios y contribuciones, podrán ser revisados por la autoridad competente de conformidad con la ley. Es punible revelar el monto de los impuestos pagados, utilidades, perdidas, costos y cualquier otro dato referente a las contabilidades revisadas a personas individuales o jurídicas, con excepción de los balances generales, cuya publicación ordena la ley.

Los documentos o informaciones obtenidas con violación de este **Artículo** no producen fe ni hacen prueba en juicio.

Artículo 25. Registro de personas y vehículos. El registro de las personas y de los vehículos, solo podrá efectuarse por elementos de las fuerzas de seguridad cuando se establezca causa justificada para ello. Para ese efecto, los elementos de las fuerzas de seguridad deberán presentarse debidamente uniformados y pertenecer al mismo sexo de los requisados, debiendo guardarse el respeto a la dignidad, intimidad y decoro de las personas.

Artículo 26. Libertad de locomoción. Toda persona tiene libertad de entrar, permanecer, transitar y salir del territorio nacional y cambiar de domicilio o residencia, sin más limitaciones que las establecidas por la ley.

No podrá expatriarse a ningún guatemalteco, ni prohibírsele la entrada al territorio nacional o negársele pasaporte u otros documentos de identificación.

Los guatemaltecos pueden entrar y salir del país sin llenar el requisito de visa.

La ley determinará las responsabilidades en que incurran quienes infrinjan esta disposición.

Artículo 27. Derecho de asilo. Guatemala reconoce el derecho de asilo y lo otorga de acuerdo con las prácticas internacionales.

La extradición se rige por lo dispuesto en tratados internacionales.

Por delitos políticos no se intentará la extradición de guatemaltecos, quienes en ningún caso serán entregados a gobierno extranjero, salvo lo dispuesto en tratados y convenciones con respecto a los delitos de lesa humanidad o contra el derecho internacional.

No se acordará la expulsión del territorio nacional de un refugiado político, con destino al país que lo persigue.

Artículo 28. Derecho de petición. Los habitantes de la República de Guatemala tienen derecho a dirigir, individual o colectivamente, peticiones a la autoridad, la que está obligada a tramitarlas y deberá resolverlas conforme a la ley.

En materia administrativa el término para resolver las peticiones y notificar las resoluciones no podrá exceder de treinta días.

En materia fiscal, para impugnar resoluciones administrativas en los expedientes que se originen en reparos o ajustes por cualquier tributo, no se exigirá al contribuyente el pago previo del impuesto o garantía alguna.

Artículo 29. Libre acceso a tribunales y dependencias del Estado. Toda persona tiene libre acceso a los tribunales, dependencias y oficinas del Estado, para ejercer sus acciones y hacer valer sus derechos de conformidad con la ley.

Los extranjeros únicamente podrán acudir a la vía diplomática en caso de denegación de justicia.

No se califica como tal, el solo hecho de que el fallo sea contrario a sus intereses y en todo caso, deben haberse agotado los recursos legales que establecen las leyes guatemaltecas.

Artículo 30. Publicidad de los actos administrativos. Todos los actos de la administración son públicos. Los interesados tienen derecho a obtener, en cualquier tiempo, informes, copias, reproducciones y certificaciones que soliciten y la exhibición de los expedientes que deseen consultar, salvo que se trate de asuntos militares o diplomáticos de seguridad nacional, o de datos suministrados por particulares bajo garantía de confidencia.

Artículo 31. Acceso a archivos y registros estatales. Toda persona tiene el derecho de conocer lo que de ella conste en archivos, fechas o cualquier otra forma de registros estatales, y la finalidad a que se dedica esta información, así como a corrección, rectificación y actualización. Quedan prohibidos los registros y archivos de filiación política, excepto los propios de las autoridades electorales y de los partidos políticos.

Artículo 32. Objeto de citaciones. No es obligatoria la comparecencia ante autoridad, funcionario o empleado público, si en las citaciones correspondientes no consta expresamente el objeto de la diligencia.

Artículo 33. Derecho de reunión y manifestación. Se reconoce el derecho de reunión pacifica y sin armas.

Los derechos de reunión y de manifestación pública no pueden ser restringidos, disminuidos o coartados; y la ley los regulará con el único objeto de garantizar el orden público.

Las manifestaciones religiosas en el exterior de los templos son permitidas y se rigen por la ley.

Para el ejercicio de estos derechos bastará la previa notificación de los organizadores ante la autoridad competente.

Artículo 34. Derecho de asociación. Se reconoce el derecho de libre asociación. Nadie está obligado a asociarse ni a formar parte de grupos o asociaciones de autodefensa o similares. Se exceptúa el caso de la colegiación profesional.

Artículo 35. Libertad de emisión del pensamiento. Es libre la emisión del pensamiento por cualesquiera medios de difusión, sin censura ni licencia previa. Este derecho constitucional no podrá ser restringido por ley o disposición gubernamental alguna. Quien en uso de esta libertad faltare al respeto a la vida privada o a la moral, será responsable conforme a la ley. Quienes se creyeren ofendidos tienen derecho a la publicación de sus defensas, aclaraciones y rectificaciones.

No constituyen delito o falta las publicaciones que contengan denuncias, criticas o imputaciones contra funcionarios o empleados públicos por actos efectuados en el ejercicio de sus cargos. Los funcionarios y empleados públicos podrán exigir que un tribunal de honor, integrado en la forma que determine la ley, declare que la publicación que los afecta se basa en hechos inexactos o que los cargos que se les hacen son infundados. El fallo que reivindique al ofendido, deberá publicarse en el mismo medio de comunicación social donde apareció la imputación.

La actividad de los medios de comunicación social es de interés público y estos en ningún caso podrán ser expropiados. Por faltas o delitos en la emisión del pensamiento no podrán ser clausurados, embargados, intervenidos, confiscados o decomisados, ni interrumpidos en su funcionamiento las empresas, los talleres, equipo, maquinaria y enseres de los medios de comunicación social.

Es libre el acceso a las fuentes de información y ninguna autoridad podrá limitar ese derecho.

La autorización, limitación o cancelación de las concesiones otorgadas por el Estado a las personas, no pueden utilizarse como elementos de presión o coacción para limitar el ejercicio de la libre emisión del pensamiento.

Un jurado conocerá privativamente de los delitos o faltas a que se refiere este **Artículo**.

Todo lo relativo a este derecho constitucional se regula en la Ley Constitucional de Emisión del Pensamiento

Los propietarios de los medios de comunicación social, deberán proporcionar cobertura socioeconómica a sus reporteros, a través de la contratación de seguros de vida.

Artículo 36. Libertad de religión. El ejercicio de todas las religiones es libre. Toda persona tiene derecho a practicar su religión o creencia, tanto en público como en privado, por medio de la enseñanza, el culto y la observancia, sin más límites que el orden público y el respeto debido a la dignidad de la jerarquía y a los fieles de otros credos.

Artículo 37. Personalidad jurídica de las iglesias. Se reconoce la personalidad jurídica de la Iglesia Católica. Las otras iglesias, cultos, entidades y asociaciones de carácter religioso obtendrán el reconocimiento de su personalidad jurídica conforme las reglas de su institución y el Gobierno no podrá negarlo si no fuese por razones de orden público.

El Estado extenderá a la Iglesia Católica, sin costo alguno, títulos de propiedad de los bienes inmuebles que actualmente y en forma pacifica posee para sus propios fines, siempre que hayan formado parte del patrimonio de la Iglesia Católica en el pasado. No podrán ser afectados los bienes inscritos a favor de terceras personas, ni los que el Estado tradicionalmente ha destinado a sus servicios.

Los bienes inmuebles de las entidades religiosas destinados al culto, a la educación y a la asistencia social, gozan de exención de impuestos, arbitrios y contribuciones.

Artículo 38. Tenencia y portación de armas, Se reconoce el derecho de tenencia de armas de uso personal, no prohibidas por la ley, en el lugar de habitación. No habrá obligación de entregarlas, salvo en los casos que fuera ordenado por juez competente.

Se reconoce el derecho de portación de armas, regulado por la ley.

Artículo 39. Propiedad privada. Se garantiza la propiedad privada como un derecho inherente a la persona humana. Toda persona puede disponer libremente de sus bienes de acuerdo con la ley.

El Estado garantiza el ejercicio de este derecho y deberá crear las condiciones que faciliten al propietario el uso y disfrute de sus bienes, de manera que se alcance el progreso individual y el desarrollo nacional en beneficio de todos los guatemaltecos.

Artículo 40. Expropiación. En casos concretos, la propiedad privada podrá ser expropiada por razones de utilidad colectiva, beneficio social o interés público debidamente comprobadas. La expropiación deberá sujetarse a los procedimientos señalados por la ley, y el bien afectado se justipreciará por expertos tomando como base su valor actual.

La indemnización deberá ser previa y en moneda efectiva de curso legal, a menos que, con el interesado se convenga en otra forma de compensación.

Solo en caso de guerra, calamidad pública o grave perturbación de la paz puede ocuparse o intervenirse la propiedad, o expropiarse sin previa indemnización, pero esta deberá hacerse inmediatamente después que haya cesado la emergencia. La ley establecerá las normas a seguirse con la propiedad enemiga.

La forma de pago de las indemnizaciones por expropiación de tierras ociosas será fijado por la ley. En ningún caso el término para hacer efectivo dicho pago podrá exceder de diez años.

Artículo 41. Protección al derecho de propiedad. Por causa de actividad o delito político no puede limitarse el derecho de propiedad en forma alguna. Se prohibe la confiscación de bienes y la imposición de multas confiscatorias. Las multas en ningún caso podrán exceder del valor del impuesto omitido.

Artículo 42. Derecho de autor o inventor. Se reconoce el derecho de autor y el derecho de inventor; los titulares de los mismos gozarán de la propiedad exclusiva de su obra o invento, de conformidad con la ley y los tratados internacionales.

Artículo 43. Libertad de industria, comercio y trabajo. Se reconoce la libertad de industria, de comercio y de trabajo, salvo las limitaciones que por motivos sociales o de interés nacional impongan las leyes.

Artículo 44. Derechos inherentes a la persona humana. Los derechos y garantías que otorga la Constitución no excluyen otros que, aunque no figuren expresamente en ella, son inherentes a la persona humana.

El interés social prevalece sobre el interés particular.

Serán nulas ipso jure las leyes y las disposiciones gubernativas o de cualquier otro orden que disminuyan, restrinjan o tergiversen los derechos que la Constitución garantiza.

Artículo 45. Acción contra infractores y legitimidad de resistencia. La acción para enjuiciar a los infractores de los derechos humanos es pública y puede ejercerse mediante simple denuncia, sin caución ni formalidad alguna. Es legítima la resistencia del pueblo para la protección y defensa de los derechos y garantías consignados en la Constitución.

Artículo 46. Preeminencia del Derecho Internacional, Se establece el principio general de que en materia de derechos humanos, los tratados y convenciones aceptados y ratificados por Guatemala, tiene preeminencia sobre el derecho interno.

Capítulo II. Derechos Sociales

Sección primera. Familia

Artículo 47. Protección a la familia. El Estado garantiza la protección social, económica y jurídica de la familia. Promoverá su organización sobre la base legal del matrimonio, la igualdad de derechos de los cónyuges, la paternidad responsable y el derecho de las personas a decidir libremente el número y espaciamiento de sus hijos.

Artículo 48. Unión de hecho. El Estado reconoce la unión de hecho y la ley preceptuará todo lo relativo a la misma.

Artículo 49. Matrimonio. El matrimonio podrá ser autorizado por los alcaldes, concejales, notarios en ejercicio y ministros de culto facultados por la autoridad administrativa correspondiente.

Artículo 50. Igualdad de los hijos. Todos los hijos son iguales ante la ley y tienen los mismos derechos. Toda discriminación es punible.

Artículo 51. Protección a menores y ancianos. El Estado protegerá la salud física, mental y moral de los menores de edad y de los ancianos. Les garantizará su derecho a la alimentación, salud, educación y seguridad y previsión social.

Artículo 52. Maternidad. La maternidad tiene la protección del Estado, el que velará en forma especial por el estricto cumplimiento de los derechos y obligaciones que de ella se deriven.

Artículo 53. Minusválidos. El Estado garantiza la protección de los minusválidos y personas que adolecen de limitaciones físicas, psíquicas o sensoriales. Se declara de interés nacional su atención médico-social, así como la promoción de políticas y servicios que permitan su rehabilitación y su reincorporación integral a la sociedad. La ley regulará esta materia y creará los organismos técnicos y ejecutores que sean necesarios.

Artículo 54. Adopción. El Estado reconoce y protege la adopción. El adoptado adquiere la condición de hijo del adoptante. Se declara de interés nacional la protección de los niños huérfanos y de los niños abandonados.

Artículo 55. Obligación de proporcionar alimentos. Es punible la negativa a proporcionar alimentos en la forma que la ley prescribe.

Artículo 56. Acciones contra causas de desintegración familiar. Se declara de interés social, las acciones contra el alcoholismo, la drogadicción y otras causas de desintegración familiar. El Estado deberá tomar las medidas de prevención, tratamiento y rehabilitación adecuadas para hacer efectivas dichas acciones, por el bienestar del individuo, la familia y la sociedad.

Sección segunda. Cultura

Artículo 57. Derecho a la cultura. Toda persona tiene derecho a participar libremente en la vida cultural y artística de la comunidad, así como a beneficiarse del progreso científico y tecnológico de la Nación.

Artículo 58. Identidad cultural. Se reconoce el derecho de las personas y de las comunidades a su identidad cultural de acuerdo a sus valores, su lengua y sus costumbres.

Artículo 59. Protección e investigación de la cultura. Es obligación primordial del Estado proteger, fomentar y divulgar la cultura nacional; emitir las leyes y disposiciones que tiendan a su enriquecimiento, restauración, preservación y recuperación; promover y reglamentar su investigación científica, así como la creación y aplicación de tecnología apropiada.

Artículo 60. Patrimonio cultural. Forman el patrimonio cultural de la Nación los bienes y valores paleontológicos, arqueológicos, históricos y artísticos del país y están bajo la protección del Estado. Se prohibe su enajenación, exportación o alteración, salvo los casos que determine la ley.

Artículo 61. Protección al patrimonio cultural. Los sitios arqueológicos, conjuntos monumentales y el Centro Cultural de Guatemala, recibirán atención especial del Estado, con el propósito de preservar sus características y resguardar su valor histórico y bienes culturales. Estarán sometidos a régimen especial de conservación el Parque Nacional Tikal, el Parque Arqueológico de Quirigua y la ciudad de Antigua Guatemala, por haber sido declarados Patrimonio Mundial, así como aquellos que adquieran similar reconocimiento.

Artículo 62. Protección al arte, folklore y artesanías tradicionales. La expresión artística nacional, el arte popular, el folklore y las artesanías e industrias autóctonas, deben ser objeto de protección especial del Estado, con el fin de preservar su autenticidad.

El Estado propiciará la apertura de mercados nacionales e internacionales para la libre comercialización de la obra de los artistas y artesanos, promoviendo su producción y adecuada tecnificación.

Artículo 63. Derecho a la expresión creadora. El Estado garantiza la libre expresión creadora, apoya y estimula al científico, al intelectual y al artista nacional, promoviendo su formación y superación profesional y económica.

Artículo 64. Patrimonio natural. Se declara de interés nacional la conservación, protección y mejoramiento del patrimonio natural de la Nación. El Estado fomentará la creación de parques nacionales, reservas y refugios naturales, los cuales son inalienables. Una ley garantizará su protección y la de la fauna y la flora que en ellos exista.

Artículo 65. Preservación y promoción de la cultura. La actividad del Estado en cuanto a la preservación y promoción de la cultura y sus manifestaciones, estará a cargo de un órgano específico con presupuesto propio.

Sección tercera. Comunidades Indígenas

Artículo 66. Protección a grupos étnicos. Guatemala está formada por diversos grupos étnicos entre los que figuran los grupos indígenas de ascendencia maya. El Estado reconoce, respeta y promueve sus formas de vida, costumbres, tradiciones, formas de organización social, el uso del traje indígena en hombres y mujeres, idiomas y dialectos.

Artículo 67. Protección a las tierras y las cooperativas agrícolas indígenas. Las tierras de las cooperativas, comunidades indígenas o cualesquiera otras formas de tenencia comunal o colectiva de propiedad agraria, así como el patrimonio familiar y vivienda popular gozarán de protección especial del Estado, de asistencia crediticia y de técnica preferencial, que garanticen su posesión y desarrollo, a fin de asegurar a todos los habitantes una mejor calidad de vida.

Las comunidades indígenas y otras que tengan tierras que históricamente les pertenecen y que tradicionalmente han administrado en forma especial, mantendrán ese sistema.

Artículo 68. Tierras para comunidades indígenas. Mediante programas especiales y legislación adecuada, el Estado proveerá de tierras estatales a las comunidades indígenas que las necesiten para su desarrollo.

Artículo 69. Traslación de trabajadores y su protección. Las actividades laborales que impliquen traslación de trabajadores fuera de sus comunidades, serán objeto de protección y legislación que aseguren las condiciones adecuadas de salud, seguridad y previsión social que impidan el pago de salarios no ajustados a la ley, la desintegración de esas comunidades y en general todo trato discriminatorio.

Artículo 70. Ley específica. Una ley regulará lo relativo a las materias de esta **Sección**.

Sección cuarta. Educación

Artículo 71. Derecho a la educación. Se garantiza la libertad de enseñanza y de criterio docente. Es obligación del Estado proporcionar y facilitar educación a sus habitantes sin discriminación alguna. Se declara de utilidad y necesidad públicas la fundación y mantenimiento de centros educativos culturales y museos.

Artículo 72. Fines de la educación. La educación tiene como fin primordial el desarrollo integral de la persona humana, el conocimiento de la realidad y cultura nacional y universal.

Se declaran de interés nacional la educación, la instrucción, formación social y la enseñanza sistemática de la Constitución de la República y de los derechos humanos.

Artículo 73. Libertad de educación y asistencia económica estatal. La familia es fuente de la educación y los padres tienen derecho a escoger la que ha de impartirse a sus hijos menores. El Estado podrá subvencionar a los centros educativos privados gratuitos y la ley regulará lo relativo a esta materia. Los centros educativos privados funcionarán bajo la inspección del Estado. Están obligados a llenar, por lo menos, los planes y programas oficiales de estudio. Como centros de cultura gozarán de la exención de toda clase de impuestos y arbitrios.

La enseñanza religiosa es optativa en los establecimientos oficiales y podrá impartirse dentro de los horarios ordinarios, sin discriminación alguna.

El Estado contribuirá al sostenimiento de la enseñanza religiosa sin discriminación alguna.

Artículo 74. Educación obligatoria. Los habitantes tienen el derecho y la obligación de recibir la educación inicial, preprimaria, primaria y básica, dentro de los límites de edad que fije la ley.

La educación impartida por el Estado es gratuita.

El Estado proveerá y promoverá becas y créditos educativos.

La educación científica, la tecnológica y la humanística constituyen objetivos que el Estado deberá orientar y ampliar permanentemente.

El Estado promoverá la educación especial, la diversificada y la extraescolar.

Artículo 75. Alfabetización. La alfabetización se declara de urgencia nacional y es obligación social contribuir a ella. El Estado debe organizarla y promoverla con todos los recursos necesarios.

Artículo 76. Sistema educativo y enseñanza bilingüe. La administración del sistema educativo deberá ser descentralizado y regionalizado.

En las escuelas establecidas en zonas de predominante población indígena, la enseñanza deberá impartirse preferentemente en forma bilingüe.

Artículo 77. Obligaciones de los propietarios de empresas. Los propietarios de las empresas industriales, agrícolas, pecuarias y comerciales están obligados a establecer y mantener, de acuerdo con la ley, escuelas, guarderías y centros culturales para sus trabajadores y población escolar.

Artículo 78. Magisterio. El Estado promoverá la superación económica, social y cultural del magisterio, incluyendo el derecho a la jubilación que haga posible su dignificación efectiva.

Los derechos adquiridos por el magisterio nacional tienen carácter de mínimos e irrenunciables. La ley regulará estas materias.

Artículo 79. Enseñanza agropecuaria. Se declara de interés nacional el estudio, aprendizaje, explotación, comercialización e industrialización agropecuaria. Se crea como entidad descentralizada, autónoma, con personalidad jurídica y patrimonio propio, la Escuela Nacional Central de Agricultura; debe organizar, dirigir y desarrollar los planes de estudio agropecuario y forestal de la Nación a nivel de enseñanza media; y se regirá por su propia ley orgánica, correspondiéndole una asignación no menor del cinco por ciento del presupuesto ordinario del Ministerio de Agricultura.

Artículo 80. Promoción de la ciencia y la tecnología. El Estado reconoce y promueve la ciencia y la tecnología como bases fundamentales del desarrollo nacional.
La ley normará lo pertinente.

Artículo 81. Títulos y diplomas. Los títulos y diplomas, cuya expedición corresponda al Estado tienen plena validez legal. Los derechos adquiridos por el ejercicio de las profesiones acreditadas por dichos títulos, deben ser respetados y no podrán emitirse disposiciones de cualquier clase que los limiten o restrinjan.

Sección quinta. Universidades

Artículo 82. Autonomía de la Universidad de San Carlos de Guatemala. La Universidad de San Carlos de Guatemala, es una institución autónoma con personalidad jurídica.

En su carácter de única universidad estatal le corresponde con exclusividad dirigir, organizar y desarrollar la educación superior del Estado y la educación profesional universitaria estatal, así como la difusión de la cultura en todas sus manifestaciones. Promoverá por todos los medios a su alcance la investigación en todas las esferas del saber humano y cooperará al estudio y solución de los problemas nacionales.

Se rige por su Ley Orgánica y por los estatutos y reglamentos que ella emita, debiendo observarse en la conformación de los órganos de dirección, el principio de representación de sus catedráticos titulares, sus graduados y sus estudiantes.

Artículo 83. Gobierno de la Universidad de San Carlos de Guatemala. El gobierno de la Universidad de San Carlos de Guatemala corresponde al Consejo Superior Universitario, integrado por el Rector, quien lo preside; los decanos de las facultades; un representante del colegio profesional, egresado de la Universidad de San Carlos de Guatemala, que corresponda a cada facultad; un catedrático titular y un estudiante por cada facultad.

Artículo 84. Asignación presupuestaria para la Universidad de San Carlos de Guatemala. Corresponde a la Universidad de San Carlos de Guatemala una asignación privativa no menor del cinco por ciento del Presupuesto General de Ingresos Ordinarios del Estado, debiéndose procurar un incremento presupuestal adecuado al aumento de su población estudiantil o al mejoramiento del nivel académico.

Artículo 85. Universidades privadas. A las universidades privadas, que son instituciones independientes, les corresponde organizar y desarrollar la educación superior privada de la Nación, con el fin de contribuir a la formación profesional, a la investigación científica, a la difusión de la cultura y al estudio y solución de los problemas nacionales.

Desde que se ha autorizado el funcionamiento de una universidad privada, tendrá personalidad jurídica y libertad para crear sus facultades e institutos, desarrollar sus actividades académicas y docentes, así como para el desenvolvimiento de sus planes y programas de estudio.

Artículo 86. Consejo de la Enseñanza Privada Superior. El Consejo de la Enseñanza Privada Superior tendrá las funciones de velar porque se mantenga el nivel académico en las universidades privadas sin menoscabo de su independencia y de autorizar la creación de nuevas universidades; se integra por dos delegados de la Universidad de San Carlos de Guatemala, dos delegados por las universidades privadas y un delegado electo por los presidentes de los colegios profesionales que no ejerza cargo alguno en ninguna universidad.

La presidencia se ejercerá en forma rotativa. La ley regulará esta materia.

Artículo 87. Reconocimiento de grados, títulos, diplomas e incorporaciones. Solo serán reconocidos en Guatemala, los grados, títulos y diplomas otorgados por las universidades legalmente autorizadas y organizadas para funcionar en el país, salvo lo dispuesto por tratados internacionales.

La Universidad de San Carlos de Guatemala, es la única facultada para resolver la incorporación de profesionales egresados de universidades extranjeras y para fijar los requisitos previos que al efecto hayan de llenarse, así como para reconocer títulos y diplomas de carácter universitario amparados por tratados internacionales. Los títulos otorgados por universidades centro americanas tendrán plena validez en Guatemala al lograrse la unificación básica de los planes de estudio.

No podrán dictarse disposiciones legales que otorguen privilegios en perjuicio de quienes ejercen una profesión con Títulos que ya han sido autorizados legalmente para ejercerla.

Artículo 88. Exenciones y deducciones de los impuestos. Las universidades están exentas del pago de toda clase de impuestos, arbitrios y contribuciones, sin excepción alguna.

Serán deducibles de la renta neta gravada por el Impuesto sobre la Renta las donaciones que se otorguen a favor de las universidades, entidades culturales o científicas.

El Estado podrá dar asistencia económica a las universidades privadas, para el cumplimiento de sus propios fines.

No podrán ser objeto de procesos de ejecución ni podrán ser intervenidas la Universidad de San Carlos de Guatemala y las universidades privadas, salvo el caso de las universidades privadas cuando la obligación que se haga valer provenga de contratos civiles, mercantiles o laborales.

Artículo 89. Otorgamiento de grados, títulos y diplomas. Solamente las universidades legalmente autorizadas podrán otorgar grados y expedir títulos y diplomas de graduación en educación superior.

Artículo 90. Colegiación profesional. La colegiación de los profesionales universitarios es obligatoria y tendrá por fines la superación moral, científica, técnica y material de las profesiones universitarias y el control de su ejercicio.

Los colegios profesionales, como asociaciones gremiales con personalidad jurídica, funcionarán de conformidad con la Ley de Colegiación Profesional obligatoria y los estatutos de cada colegio se aprobarán con independencia de las universidades de las que fueren egresados sus miembros.

Contribuirán al fortalecimiento de la autonomía de la Universidad de San Carlos de Guatemala y a los fines y objetivos de todas las universidades del país.

En todo asunto que se relacione con el mejoramiento del nivel científico y técnico cultural de las profesiones universitarias, las universidades del país podrán requerir la participación de los colegios profesionales.

Sección sexta. Deporte

Artículo 91. Asignación presupuestaria para el deporte. Es deber del Estado el fomento y la promoción de la educación física y el deporte. Para ese efecto, se destinará una asignación privativa no menor del tres por ciento del Presupuesto General de Ingresos Ordinarios del Estado. De tal asignación el cincuenta por ciento se destinará al sector del deporte federado a través de sus organismos rectores, en la forma que establezca la ley; veinticinco por ciento a educación física, recreación y deportes escolares; y veinticinco por ciento al deporte no federado.

Artículo 92. Autonomía del deporte. Se reconoce y garantiza la autonomía del deporte federado a través de sus organismos rectores, Confederación Deportiva Autónoma de Guatemala y Comité Olímpico Guatemalteco, que tienen personalidad jurídica y patrimonio propio, quedando exonerados de toda clase de impuestos y arbitrios.

Sección séptima. Salud, seguridad y asistencia social

Artículo 93. Derecho a la salud. El goce de la salud es derecho fundamental del ser humano, sin discriminación alguna.

Artículo 94. Obligación del Estado, sobre salud y asistencia social. El Estado velará por la salud y la asistencia social de todos los habitantes. Desarrollará, a través de sus instituciones, acciones de prevención, promoción, recuperación, rehabilitación, coordinación y las complementarias pertinentes a fin de procurarles el más completo bienestar físico, mental y social.

Artículo 95. La salud, bien público. La salud de los habitantes de la Nación es un bien público. Todas las personas e instituciones están obligadas a velar por su conservación y restablecimiento.

Artículo 96. Control de calidad de productos. El Estado controlará la calidad de los productos alimenticios, farmacéuticos, químicos y de todos aquellos que puedan afectar la salud y bienestar de los habitantes. Velará por el establecimiento y programación de la atención primaria de la salud, y por el mejoramiento de las condiciones de saneamiento ambiental básico de las comunidades menos protegidas.

Artículo 97. Medio ambiente y equilibrio ecológico. El Estado, las municipalidades y los habitantes del territorio nacional están obligados a propiciar el desarrollo social, económico y tecnológico que prevenga la contaminación del ambiente y mantenga el equilibrio ecológico. Se dictarán todas las normas necesarias para garantizar que la utilización y el aprovechamiento de la fauna, de la flora, de la tierra y del agua, se realicen racionalmente, evitando su depredación.

Artículo 98. Participación de las comunidades en programas de salud. Las comunidades tienen el derecho y el deber de participar activamente en la planificación, ejecución y evaluación de los programas de salud.

Artículo 99. Alimentación y nutrición. El Estado velará porque la alimentación y nutrición de la población reúna los requisitos mínimos de salud. Las instituciones especializadas del Estado deberán coordinar sus acciones entre sí o con organismos internacionales dedicados a la salud, para lograr un sistema alimentario nacional efectivo.

Artículo 100. Seguridad social. El Estado reconoce y garantiza el derecho a la seguridad social para beneficio de los habitantes de la Nación. Su régimen se instituye como función pública, en forma nacional, unitaria y obligatoria.
El Estado, los empleadores y los trabajadores cubiertos por el régimen, con la única excepción de lo preceptuado por el **Artículo 88** de esta Constitución, tienen obligación de contribuir a financiar dicho régimen y derecho a participar en su dirección, procurando su mejoramiento progresivo.

La aplicación del régimen de seguridad social corresponde al Instituto Guatemalteco de Seguridad Social, que es una entidad autónoma con personalidad jurídica, patrimonio y funciones propias; goza de exoneración total de impuestos, contribuciones y arbitrios, establecidos o por establecerse. El Instituto Guatemalteco de Seguridad Social debe participar con las instituciones de salud en forma coordinada.

El Organismo Ejecutivo asignará anualmente en el Presupuesto de Ingresos y Egresos del Estado, una partida específica para cubrir la cuota que corresponde al Estado como tal y como empleador, la cual no podrá ser transferida ni cancelada durante el ejercicio fiscal y será fijada de conformidad con los estudios técnicos actuariales del Instituto.

Contra las resoluciones que se dicten en esta materia, proceden los recursos administrativos y el de lo contencioso-administrativo de conformidad con la ley. Cuando se trate de prestaciones que deba otorgar el régimen, conocerán los tribunales de trabajo y previsión social.

Sección octava. Trabajo

Artículo 101. Derecho al trabajo. El trabajo es un derecho de la persona y una obligación social. El régimen laboral del país debe organizarse conforme a principios de justicia social.

Artículo 102. Derechos sociales mínimos de la legislación del trabajo. Son derechos sociales mínimos que fundamentan la legislación del trabajo y la actividad de los tribunales y autoridades:

a) Derecho a la libre elección de trabajo y a condiciones económicas satisfactorias que garanticen al trabajador y a su familia una existencia digna;

b) Todo trabajo será equitativamente remunerado, salvo lo que al respecto determine la ley;

c) Igualdad de salario para igual trabajo prestado en igualdad de condiciones, eficiencia y antigüedad;

d) Obligación de pagar al trabajador en moneda de curso legal. Sin embargo, el trabajador del campo puede recibir, a su voluntad, productos alimenticios hasta en un treinta por ciento de su salario. En este caso el empleador suministrará esos productos a un precio no mayor de su costo;

e) Inembargabilidad del salario en los casos determinados por la ley. Los implementas personales de trabajo no podrán ser embargados por ningún motivo. No obstante, para protección de la familia del trabajador y por orden judicial, sí podrá retenerse y entregarse parte del salario a quien corresponda;

f) Fijación periódica del salario mínimo de conformidad con la ley;

g) La jornada ordinaria de trabajo efectivo diurno no puede exceder de ocho horas diarias de trabajo, ni de cuarenta y cuatro horas a la semana, equivalente a cuarenta y ocho horas para los efectos exclusivos del pago del salario.

La jornada ordinaria de trabajo efectivo nocturno no puede exceder de seis horas diarias, ni de treinta y seis a la semana. La jornada ordinaria de trabajo efectivo mixto no puede exceder de siete horas diarias, ni de cuarenta y dos a la semana. Todo trabajo efectivamente realizado fuera de las jornadas ordinarias, constituye jornada extraordinaria y debe ser remunerada como tal. La ley determinará las situaciones de excepción muy calificadas en las que no son aplicables las disposiciones relativas a las jornadas de trabajo.

Quienes por disposición de la ley, por la costumbre o por acuerdo con los empleadores laboren menos de cuarenta y cuatro horas semanales en jornada diurna, treinta y seis en jornada nocturna, o cuarenta y dos en jornada mixta, tendrán derecho a percibir íntegro el salario semanal.

Se entiende por trabajo efectivo todo el tiempo que el trabajador permanezca a las ordenes o a disposición del empleador;

h) Derecho del trabajador a un día de descanso remunerado por cada semana ordinaria de trabajo o por cada seis días consecutivos de labores. Los días de asueto reconocidos por la ley también serán remunerados;

i) Derecho del trabajador a quince días hábiles de vacaciones anuales pagadas después de cada año de servicios continuos, a excepción de los trabajadores de empresas agropecuarias, quienes tendrán derecho de diez días hábiles. Las vacaciones deberán ser efectivas y no podrá el empleador compensar este derecho en forma distinta, salvo cuando ya adquirido cesare la relación de trabajo;

j) Obligación del empleador de otorgar cada año un aguinaldo no menor del ciento por ciento del salario mensual, o el que ya estuviere establecido si fuere mayor, a los trabajadores que hubieren laborado durante un año ininterrumpido y anterior a la fecha del otorgamiento. La ley regulará su forma de pago. A los trabajadores que tuvieren menos del año de servicios, tal aguinaldo les será cubierto proporcionalmente al tiempo laborado;

k) Protección a la mujer trabajadora y regulación de las condiciones en que debe prestar sus servicios.

No deben establecerse diferencias entre casadas y solteras en materia de trabajo. La ley regulará la protección a la maternidad de la mujer trabajadora, a quien no se le debe exigir ningún trabajo que requiera esfuerzo que ponga en peligro su gravidez. La madre trabajadora gozará de un descanso forzoso retribuido con el ciento por ciento de su salario, durante los treinta días que precedan al parto y los cuarenta y cinco días siguientes. En la época de la lactancia tendrá derecho a dos periodos de descanso extraordinarios, dentro de la jornada. Los descansos pre y postnatal serán ampliados según las condiciones físicas, por prescripción medica;

l) Los menores de catorce años no podrán ser ocupados en ninguna clase de trabajo, salvo las excepciones establecidas en la ley. Es prohibido ocupar a menores en trabajos incompatibles con su capacidad física o que pongan en peligro su formación moral. Los trabajadores mayores de sesenta años serán objeto de trato adecuado a su edad;

m) Protección y fomento al trabajo de los ciegos, minusválidos y personas con deficiencias físicas, psíquicas o sensoriales;

n) Preferencia a los trabajadores guatemaltecos sobre los extranjeros en igualdad de condiciones y en los porcentajes determinados por la ley. En paridad de circunstancias, ningún trabajador guatemalteco podrá ganar menor salario que un extranjero, estar sujeto a condiciones inferiores de trabajo, ni obtener menores ventajas económicas u otras prestaciones;

nh) Fijación de las normas de cumplimiento obligatorio para empleadores y trabajadores en los contratos individuales y colectivos de trabajo. Empleadores y trabajadores procurarán el desarrollo económico de la empresa para beneficio común;

o) Obligación del empleador de indemnizar con un mes de salario por cada año de servicios continuos cuando despida injustificadamente o en forma directa a un trabajador, en tanto la ley no establezca otro sistema más conveniente que le otorgue mejores prestaciones.

Para los efectos del computo de servicios continuos se tomarán en cuenta la fecha en que se haya iniciado la relación de trabajo, cualquiera que esta sea;

p) Es obligación del empleador otorgar al cónyuge o conviviente, hijos menores o incapacitados de un trabajador que fallezca estando a su servicio, una prestación equivalente a un mes de salario por cada año laborado. Esta prestación se cubrirá por mensualidades vencidas y su monto no será menor del último salario recibido por el trabajador.

Si la muerte ocurre por causa cuyo riesgo este cubierto totalmente por el régimen de seguridad social, cesa esta obligación del empleador. En caso de que este régimen no cubra íntegramente la prestación, el empleador deberá pagar la diferencia;

q) Derecho de sindicalización libre de los trabajadores. Este derecho lo podrán ejercer sin discriminación alguna y sin estar sujetos a autorización previa, debiendo únicamente cumplir con llenar los requisitos que establezca la ley. Los trabajadores no podrán ser despedidos por participar en la formación de un sindicato, debiendo gozar de este derecho a partir del momento en que den aviso a la Inspección General de Trabajo.

Solo los guatemaltecos por nacimiento podrán intervenir en la organización, dirección y asesoría de las entidades sindicales. Se exceptúan los casos de asistencia técnica gubernamental y lo dispuesto en tratados internacionales o en convenios intersindicales autorizados por el Organismo Ejecutivo;

r) El establecimiento de instituciones económicas y de previsión social que, en beneficio de los trabajadores, otorguen prestaciones de todo orden, especialmente por invalidez, jubilación y sobrevivencia;

s) Si el empleador no probare la justa causa del despido, debe pagar al trabajador a Título de daños y perjuicios un mes de salario si el juicio se ventila en una instancia, dos meses de salario en caso de apelación de la sentencia, y si el proceso durare en su trámite más de dos meses, deberá pagar el cincuenta por ciento del salario del trabajador, por cada mes que excediere el trámite de ese plazo, hasta un máximo, en este caso, de seis meses; y

t) El Estado participará en convenios y tratados internacionales o regionales que se refieran a asuntos de trabajo y que concedan a los trabajadores mejores protecciones o condiciones.

En tales casos, lo establecido en dichos convenios y tratados se considerará como parte de los derechos mínimos de que gozan los trabajadores de la República de Guatemala.

Artículo 103. Tutelaridad de las leyes de trabajo. Las leyes que regulan las relaciones entre empleadores y el trabajo son conciliatorias, tutelares para los trabajadores y atenderán a todos los factores económicos y sociales pertinentes. Para el trabajo agrícola la ley tomará especialmente en cuenta sus necesidades y las zonas en que se ejecuta.

Todos los conflictos relativos al trabajo están sometidos a jurisdicción privativa. La ley establecerá las normas correspondientes a esa jurisdicción y los órganos encargados de ponerlas en práctica.

Artículo 104. Derecho de huelga y paro. Se reconoce el derecho de huelga y paro ejercido de conformidad con la ley, después de agotados todos los procedimientos de conciliación. Estos derechos podrán ejercerse únicamente por razones de orden económico-social. Las leyes establecerán los casos y situaciones en que no serán permitidos la huelga y el paro.

Artículo 105. Viviendas de los trabajadores. El Estado, a través de las entidades específicas, apoyará la planificación y construcción de conjuntos habitacionales, estableciendo los adecuados sistemas de financiamiento, que permitan atender los diferentes programas, para que los trabajadores puedan optar a viviendas adecuadas y que llenen las condiciones de salubridad.

Los propietarios de las empresas quedan obligados a proporcionar a sus trabajadores, en los casos establecidos por la ley, viviendas que llenen los requisitos anteriores.

Artículo 106. Irrenunciabilidad de los derechos laborales. Los derechos consignados en esta **Sección** son irrenunciables para los trabajadores, susceptibles de ser superados a través de la contratación individual o colectiva, y en la forma que fija la ley. Para este fin el Estado fomentará y protegerá la negociación colectiva. Serán nulas ipso jure y no obligarán a los trabajadores, aunque se expresen en un contrato colectivo o individual de trabajo, en un convenio o en otro documento, las estipulaciones que impliquen renuncia, disminución, tergiversación o limitación de los derechos reconocidos a favor de los trabajadores en la Constitución, en la ley, en los tratados internacionales ratificados por Guatemala, en los reglamentos u otras disposiciones relativas al trabajo.

En caso de duda sobre la interpretación o alcance de las disposiciones legales, reglamentarias o contractuales en materia laboral, se interpretarán en el sentido más favorable para los trabajadores.

Sección novena. Trabajadores del Estado

Artículo 107. Trabajadores del Estado. Los trabajadores del Estado están al servicio de la administración pública y nunca de partido político, grupo, organización o persona alguna.

Artículo 108. Régimen de los trabajadores del Estado. Las relaciones del Estado y sus entidades descentralizadas o autónomas con sus trabajadores se rigen por la Ley de Servicio Civil, con excepción de aquellas que se rijan por leyes o disposiciones propias de dichas entidades.

Los trabajadores del Estado o de sus entidades descentralizadas y autónomas que por ley o por costumbre reciban prestaciones que superen a las establecidas en la Ley de Servicio Civil, conservarán ese trato.

Artículo 109. Trabajadores por planilla. Los trabajadores del Estado y sus entidades descentralizadas o autónomas que laboren por planilla, serán equiparados en salarios, prestaciones y derechos a los otros trabajadores del Estado.

Artículo 110. Indemnización. Los trabajadores del Estado, al ser despedidos sin causa justificada, recibirán su indemnización equivalente a un mes de salario por cada año de servicios continuos prestados. Este derecho en ningún caso excederá de diez meses de salario.

Artículo 111. Régimen de entidades descentralizadas. Las entidades descentralizadas del Estado, que realicen funciones económicas similares a las empresas de carácter privado, se regirán en sus relaciones de trabajo con el personal a su servicio por las leyes laborales comunes, siempre que no menoscaben otros derechos adquiridos.

Artículo 112. Prohibición de desempeñar más de un cargo público. Ninguna persona puede desempeñar más de un empleo o cargo público remunerado, con excepción de quienes presten servicios en centros docentes o instituciones asistenciales y siempre que haya compatibilidad en los horarios.

Artículo 113. Derecho de optar a empleos o cargos públicos. Los guatemaltecos tienen derecho a optar a empleos o cargos públicos y para su otorgamiento no se atenderá más que a razones fundadas en méritos de capacidad, idoneidad y honradez.

Artículo 114. Revisión a la jubilación. Cuando un trabajador del Estado que goce del beneficio de la jubilación, regrese a un cargo público, dicha jubilación cesará de inmediato, pero al terminar la nueva relación laboral, tiene derecho a optar por la revisión del expediente respectivo y a que se le otorgue el beneficio derivado del tiempo servido y del último salario devengado, durante el nuevo cargo.

Conforme las posibilidades del Estado, se procederá a revisar periódicamente las cuantías asignadas a jubilaciones, pensiones y montepíos.

Artículo 115. Cobertura gratuita del Instituto Guatemalteco de Seguridad Social a jubilados. Las personas que gocen de jubilación, pensión o montepío del Estado e instituciones autónomas y descentralizadas, tienen derecho a recibir gratuitamente la cobertura total de los servicios médicos del Instituto Guatemalteco de Seguridad Social.

Artículo 116. Regulación de la huelga para trabajadores del Estado. Las asociaciones, agrupaciones y los sindicatos formados por trabajadores del Estado y sus entidades descentralizadas y autónomas, no pueden participar en actividades de política partidista.

Se reconoce el derecho de huelga de los trabajadores del Estado y sus entidades descentralizadas y autónomas. Este derecho únicamente podrá ejercitarse en la forma que preceptúe la ley de la materia y en ningún caso deberá afectar la atención de los servicios públicos esenciales.

Artículo 117. Opción al régimen de clases pasivas. Los trabajadores de las entidades descentralizadas n autónomas que no estén afectos a descuentos para el fondo de clases pasivas, ni gocen de los beneficios correspondientes, podrán acogerse a este régimen y, la dependencia respectiva, en este caso, deberá aceptar la solicitud del interesado y ordenar a quien corresponde que se hagan los descuentos correspondientes.

Sección décima. Régimen económico y social

Artículo 118. Principios del Régimen Económico y Social. El régimen económico y social de la República de Guatemala se funda en principios de justicia social.

Es obligación del Estado orientar la economía nacional para lograr la utilización de los recursos naturales y el potencial humano, para incrementar la riqueza y tratar de lograr el pleno empleo y la equitativa distribución del ingreso nacional.

Cuando fuere necesario, el Estado actuará complementando la iniciativa y la actividad privada, para el logro de los fines expresados.

Artículo 119. Obligaciones del Estado. Son obligaciones fundamentales del Estado:

a) Promover el desarrollo económico de la Nación, estimulando la iniciativa en actividades agrícolas, pecuarias, industriales, turísticas y de otra naturaleza;

b) Promover en forma sistemática la descentralización económica administrativa, para lograr un adecuado desarrollo regional del país;

c) Adoptar las medidas que sean necesarias para la conservación, desarrollo y aprovechamiento de los recursos naturales en forma eficiente;

d) Velar por la elevación del nivel de vida de todos los habitantes del país, procurando el bienestar de la familia;

e) Fomentar y proteger la creación y funcionamiento de cooperativas proporcionándoles la ayuda técnica y financiera necesaria;

f) Otorgar incentivos, de conformidad con la ley, a las empresas industriales que se establezcan en el interior de la República y contribuyan a la descentralización;

g) Fomentar con prioridad la construcción de viviendas populares, mediante sistemas de financiamiento adecuados a efecto de que el mayor número de familias guatemaltecas las disfruten en propiedad. Cuando se trate de viviendas emergentes o en cooperativa, el sistema de tenencia podrá ser diferente;

h) Impedir el funcionamiento de prácticas excesivas que conduzcan a la concentración de bienes y medios de producción en detrimento de la colectividad;

i) La defensa de consumidores y usuarios en cuanto a la preservación de la calidad de los productos de consumo interno y de exportación para garantizarles su salud, seguridad y legítimos intereses económicos;

j) Impulsar activamente programas de desarrollo rural que tiendan a incrementar y diversificar la producción nacional con base en el principio de la propiedad privada y de la protección al patrimonio familiar. Debe darse al campesino y al artesano ayuda técnica y económica;

k) Proteger la formación de capital, el ahorro y la inversión;

l) Promover el desarrollo ordenado y eficiente del comercio interior y exterior del país, fomentando mercados para los productos nacionales;

m) Mantener dentro de la política económica, una relación congruente entre el gasto público y la producción nacional; y

n) Crear las condiciones adecuadas para promover la inversión de capitales nacionales y extranjeros.

Artículo 120. Intervención de empresas que prestan servicios públicos. El Estado podrá, en caso de fuerza mayor y por el tiempo estrictamente necesario, intervenir las empresas que prestan servicios públicos esenciales para la comunidad, cuando se obstaculizare su funcionamiento.

Artículo 121. Bienes del Estado. Son bienes del Estado:

a) Los de dominio público;

b) Las aguas de la zona marítima que ciñe las costas de su territorio, los lagos, ríos navegables y sus riberas, los ríos, vertientes y arroyos que sirven de límite internacional de la República, las caídas y nacimientos de agua de aprovechamiento hidroeléctrico, las aguas subterráneas y otras que sean susceptibles de regulación por la ley y las aguas no aprovechadas por particulares en la extensión y término que fije la ley;

c) Los que constituyen el patrimonio del Estado, incluyendo los del municipio y de las entidades descentralizadas o autónomas;

d) La zona marítimo terrestre, la plataforma continental y el espacio aéreo, en la extensión y forma que determinen las leyes o los tratados internacionales ratificados por Guatemala;

e) El subsuelo, los yacimientos de hidrocarburos y los minerales, así como cualesquiera otras substancias orgánicas o inorgánicas del subsuelo;

f) Los monumentos y las reliquias arqueológicas;

g) Los ingresos fiscales y municipales, así como los de carácter privativo que las leyes asignen a las entidades descentralizadas y autónomas; y

h) Las frecuencias radioeléctricas.

Artículo 122. Reservas territoriales del Estado. El Estado se reserva el dominio de una faja terrestre de tres kilómetros a lo largo de los océanos, contados a partir de la línea superior de las mareas; de doscientos metros alrededor de las orillas de los lagos; de cien metros a cada lado de las riberas de los ríos navegables; de cincuenta metros alrededor de las fuentes y manantiales donde nazcan las aguas que surtan a las poblaciones. Se exceptúan de las expresadas reservas:

a) Los inmuebles situados en zonas urbanas; y

b) Los bienes sobre los que existen derechos inscritos en el Registro de la Propiedad, con anterioridad al primero de marzo de mil novecientos cincuenta y seis.

Los extranjeros necesitarán autorización del Ejecutivo, para adquirir en propiedad, inmuebles comprendidos en las excepciones de los dos incisos anteriores. Cuando se trate de propiedades declaradas como monumento nacional o cuando se ubiquen en conjuntos monumentales, el Estado tendrá derecho preferencial en toda enajenación.

Artículo 123. Limitaciones en las fajas fronterizas. Solo los Guatemaltecos de origen, o las sociedades cuyos miembros tengan las mismas calidades, podrán ser propietarios o poseedores de inmuebles situados en la faja de quince kilómetros de ancho a lo largo de las fronteras, medidos desde la línea divisoria. Se exceptúan los bienes urbanos y los derechos inscritos con anterioridad al primero de marzo de mil novecientos cincuenta y seis.

Artículo 124. Enajenación de los bienes nacionales. Los bienes nacionales solo podrán ser enajenados en la forma que determine la ley, la cual fijará las limitaciones y formalidades a que deba sujetarse la operación y sus objetivos fiscales. Las entidades descentralizadas o autónomas, se regirán por lo que dispongan sus leyes y reglamentos.

Artículo 125. Explotación de recursos naturales no renovables. Se declara de utilidad y necesidad públicas, la explotación técnica y racional de hidrocarburos, minerales y demás recursos naturales no renovables.

El Estado establecerá y propiciará las condiciones propias para su exploración, explotación y comercialización.

Artículo 126. Reforestación. Se declara de urgencia nacional y de interés social, la reforestación del país y la conservación de los bosques. La ley determinará la forma y requisitos para la explotación racional de los recursos forestales y su renovación, incluyendo las resinas, gomas, productos vegetales silvestres no cultivados y demás productos similares, y fomentará su industrialización. La explotación de todos estos recursos, corresponderá exclusivamente a personas guatemaltecas, individuales o jurídicas.

Los bosques y la vegetación en las riberas de los ríos y lagos, y en las cercanías de las fuentes de aguas, gozarán de especial protección.

Artículo 127. Régimen de aguas, Todas las aguas son bienes de dominio público, inalienables e imprescriptibles. Su aprovechamiento, uso y goce, se otorgan en la forma establecida por la ley, de acuerdo con el interés social. Una ley específica regulará esta materia.

Artículo 128. Aprovechamiento de aguas, lagos y ríos. El aprovechamiento de las aguas de los lagos y de los ríos, para fines agrícolas, agropecuarios, turísticos o de cualquier otra naturaleza, que contribuya al desarrollo de la economía nacional, está al servicio de la comunidad y no de persona particular alguna, pero los usuarios están obligados a reforestar las riberas y los cauces correspondientes, así como a facilitar las vías de acceso.

Artículo 129. Electrificación. Se declara de urgencia nacional, la electrificación del país, con base en planes formulados por el Estado y las municipalidades, en la cual podrá participar la iniciativa privada.

Artículo 130. Prohibición de Monopolios. Se prohiben los monopolios y privilegios. El Estado limitará el funcionamiento de las empresas que absorban o tiendan a absorber, en perjuicio de la economía nacional, la producción en uno o más ramos industriales o de una misma actividad comercial o agropecuaria. Las leyes determinarán lo relativo a esta materia. El Estado protegerá la economía de mercado e impedirá las asociaciones que tiendan a restringir la libertad del mercado o a perjudicar a los consumidores.

Artículo 131. Servicio de transporte comercial. Por su importancia económica en el desarrollo del país, se reconoce de utilidad pública, y por lo tanto, gozan de la protección del Estado, todos los servicios de transporte comercial y turístico, sean terrestres, marítimos o aéreos, dentro de los cuales quedan comprendidas las naves, vehículos, instalaciones y servicios.

Los terminales terrestres, aeropuertos y puertos marítimos comerciales, se consideran bienes de uso público común y así como los servicios del transporte, quedan sujetos únicamente a la jurisdicción de autoridades civiles. Queda prohibida la utilización de naves, vehículos y terminales, de propiedad de entidades gubernamentales y del Ejército Nacional, para fines comerciales; esta disposición no es aplicable a las entidades estatales descentralizadas que presten servicio de transporte.

Para la instalación y explotación de cualquier servicio de transporte nacional o internacional, es necesaria la autorización gubernamental. Para este propósito, una vez llenados los requisitos legales correspondientes por el solicitante, la autoridad gubernativa deberá extender la autorización inmediatamente.

Artículo 132. Moneda. Es potestad exclusiva del Estado, emitir y regular la moneda, así, como formular y realizar las políticas que tiendan a crear y mantener condiciones cambiarias y crediticias favorables al desarrollo ordenado de la economía nacional. Las actividades monetarias, bancarias y financieras, estarán organizadas bajo el sistema de banca central, el cual ejerce vigilancia sobre todo lo relativo a la circulación del dinero y a la deuda pública. Dirigirá este sistema, la Junta Monetaria, de la que depende el Banco de Guatemala, entidad autónoma con patrimonio propio, que se regirá por su Ley Orgánica y la Ley Monetaria.

La Junta Monetaria se integra con los siguientes miembros:

a) El Presidente, quien también lo será del Banco de Guatemala, nombrado por el Presidente de la República y por un periodo establecido en la ley;

b) Los ministros de Finanzas Públicas, Economía y Agricultura, Ganadería y Alimentación;

c) Un miembro electo por el Congreso de la República;

d) Un miembro electo por las asociaciones empresariales de comercio, industria y agricultura;

e) Un miembro electo por los presidentes de los consejos de administración o juntas directivas de los bancos privados nacionales; y

f) Un miembro electo por el Consejo Superior de la Universidad de San Carlos de Guatemala. Estos tres últimos miembros durarán en sus funciones un año.

Todos los miembros de la Junta Monetaria, tendrán suplentes, salvo el Presidente, a quien lo sustituye el Vicepresidente y los ministros de Estado, que serán sustituidos por su respectivo viceministro.

El Vicepresidente de la Junta Monetaria y del Banco de Guatemala, quien también será nombrado por el Presidente de la República, podrá concurrir a las sesiones de la Junta

Monetaria, juntamente con el Presidente, con voz, pero sin voto, excepto cuando sustituya al Presidente en sus funciones, en cuyo caso, sí tendrá voto.

El Presidente, el Vicepresidente y los designados por el Consejo Superior Universitario y por el Congreso de la República, deberán ser personas de reconocida honorabilidad y de notoria preparación y competencia en materia económica y financiera.

Los actos y decisiones de la Junta Monetaria, están sujetos a los recursos administrativos y al de lo contencioso-administrativo y de casación.

Artículo 133. Junta Monetaria. La Junta Monetaria tendrá a su cargo la determinación de la política monetaria, cambiaria y crediticia del país y velará por la liquidez y solvencia del Sistema Bancario Nacional, asegurando la estabilidad y el fortalecimiento de la banca privada nacional.

La Superintendencia de Bancos, organizada conforme a la ley, es el órgano que ejercerá la vigilancia e inspección de bancos, instituciones de crédito, empresas financieras, entidades afianzadoras, de seguros y las demás que la ley disponga.

Artículo 134. Descentralización y autonomía. El municipio y las entidades autónomas y descentralizadas, actúan por delegación del Estado.

La autonomía, fuera de los casos especiales contemplados en la Constitución de la República, se concederá únicamente, cuando se estime indispensable para la mayor eficiencia de la entidad y el mejor cumplimiento de sus fines. Para crear entidades descentralizadas y autónomas, será necesario el voto favorable de las dos terceras partes del Congreso de la República.

Se establecen como obligaciones mínimas del municipio y de toda entidad descentralizada y autónoma, las siguientes:

a) Coordinar su política, con la política general del Estado y, en su caso, con la especial del Ramo a que correspondan;

b) Mantener estrecha coordinación con el órgano de planificación del Estado;

c) Remitir para su información al Organismo Ejecutivo y al Congreso de la República, sus presupuestos detallados ordinarios y extraordinarios, con expresión de programas, proyectos, actividades, ingresos y egresos. Se exceptúa a la Universidad de San Carlos de Guatemala. Tal remisión será con fines de aprobación, cuando así lo disponga la ley;

d) Remitir a los mismos organismos, las memorias de sus labores y los informes específicos que les sean requeridos, quedando a salvo el carácter confidencial de las operaciones de los particulares en los bancos e instituciones financieras en general;

e) Dar las facilidades necesarias para que el órgano encargado del control fiscal, puedan desempeñar amplia y eficazmente sus funciones; y

f) En toda actividad de carácter internacional, sujetarse a la política que trace el Organismo Ejecutivo.

De considerarse inoperante el funcionamiento de una entidad descentralizada, será suprimida mediante el voto favorable de las dos terceras partes del Congreso de la República.

Capítulo III. Deberes y derechos cívicos y políticos

Artículo 135. Deberes y derechos cívicos. Son derechos y deberes de los guatemaltecos, además de los consignados en otras normas de la Constitución y leyes de la República, los siguientes:

a) Servir y defender a la Patria;

b) Cumplir y velar, porque se cumpla la Constitución de la República;

c) Trabajar por el desarrollo cívico, cultural, moral, económico y social de los guatemaltecos;

d) Contribuir a los gastos públicos, en la forma prescrita por la ley;

e) Obedecer las leyes;

f) Guardar el debido respeto a las autoridades; y

g) Prestar servicio militar y social, de acuerdo con la ley.

Artículo 136. Deberes y derechos políticos. Son derechos y deberes de los ciudadanos:

a) Inscribirse en el Registro de Ciudadanos;

b) Elegir y ser electo;

c) Velar por la libertad y efectividad del sufragio y la pureza del proceso electoral;

d) Optar a cargos públicos;

e) Participar en actividades políticas; y

f) Defender el principio de alternabilidad y no reelección en el ejercicio de la Presidencia de la República.

Artículo 137. Derecho de petición en materia política. El derecho de petición en materia política, corresponde exclusivamente a los guatemaltecos.

Toda petición en esta materia, deberá ser resuelta y notificada, en un término que no exceda de ocho días. Si la autoridad no resuelve en ese término, se tendrá por denegada la petición y el interesado podrá interponer los recursos de ley.

Capítulo IV. Limitación a los derechos constitucionales

Artículo 138. Limitación a los derechos constitucionales. Es obligación del Estado y de las autoridades, mantener a los habitantes de la Nación, en el pleno goce de los derechos que la Constitución garantiza. Sin embargo, en caso de invasión del territorio, de perturbación grave de la paz, de actividades contra la seguridad del Estado o calamidad pública podrá cesar la plena vigencia de los derechos a que se refieren los artículos 5 6, 9, 26, 33, primer párrafo del **Artículo 35,** segundo párrafo del **Artículo 38** y segundo párrafo del **Artículo 116.**

Al concurrir cualquiera de los casos que se indican en el párrafo anterior, el Presidente de la República hará la declaratoria correspondiente por medio de decreto dictado en Consejo de Ministros y se aplicarán las disposiciones de la Ley de Orden Público. En el estado de prevención, no será necesaria esta formalidad.

El decreto especificará:

a) Los motivos que lo justifiquen;
b) Los derechos que no puedan asegurarse en su plenitud;
c) El territorio que afecte; y

d) El tiempo que durará su vigencia.

Además, en el propio decreto, se convocará al Congreso, para que dentro del término de tres días, lo conozca, lo ratifique, modifique o impruebe. En caso de que el Congreso estuviere reunido, deberá conocerlo inmediatamente.

Los efectos del decreto no podrán exceder de treinta días por cada vez. Si antes de que venza el plazo señalado, hubieren desaparecido las causas que motivaron el decreto, se le hará cesar en sus efectos y para este fin, todo ciudadano tiene derecho a pedir su revisión. Vencido el plazo de treinta días, automáticamente queda restablecida la vigencia plena de los derechos, salvo que se hubiere dictado nuevo decreto en igual sentido. Cuando Guatemala afronte un estado real de guerra, el decreto no estará sujeto a las limitaciones de tiempo consideradas en el párrafo anterior.

Desaparecidas las causas que motivaron el decreto a que se refiere este **Artículo,** toda persona tiene derecho a deducir las responsabilidades legales procedentes, por los actos innecesarios y medidas no autorizadas por la Ley de Orden Público.

Artículo 139. Ley de Orden Público y Estados de Excepción. Todo lo relativo a esta materia, se regula en la Ley Constitucional de Orden Público.

La Ley de Orden Público, no afectará el funcionamiento de los organismos del Estado y sus miembros gozarán siempre de las inmunidades y prerrogativas que les reconoce la ley; tampoco afectará el funcionamiento de los partidos políticos.

La Ley de Orden Público, establecerá las medidas y facultades que procedan, de acuerdo con la siguiente gradación:

a) Estado de prevención;
b) Estado de alarma;
c) Estado de calamidad pública;
d) Estado de sitio; y
e) Estado de guerra.

Título III. El Estado

Capítulo I. El Estado y su forma de Gobierno

Artículo 140. Estado de Guatemala. Guatemala es un Estado libre, independiente y soberano, organizado para garantizar a sus habitantes el goce de sus derechos y de sus libertades. Su sistema de Gobierno es republicano, democrático y representativo.

Artículo 141. Soberanía. La soberanía radica en el pueblo quien la delega, para su ejercicio, en los Organismos Legislativo, Ejecutivo y Judicial. La subordinación entre los mismos, es prohibida.

Artículo 142. De la soberanía y el territorio. El Estado ejerce plena soberanía sobre:

a) El territorio nacional integrado por su suelo, subsuelo, aguas interiores, el mar territorial en la extensión que fija la ley y el espacio aéreo que se extiende sobre los mismos;

b) La zona contigua del mar adyacente al mar territorial, para el ejercicio de determinadas actividades reconocidas por el derecho internacional; y

c) Los recursos naturales y vivos del lecho y subsuelo marinos y los existentes en las aguas adyacentes a las costas fuera del mar territorial, que constituyen la zona económica exclusiva, en la extensión que fija la ley, conforme la práctica internacional.

Artículo 143. Idioma oficial. El idioma oficial de Guatemala, es el español. Las lenguas vernáculas, forman parte del patrimonio cultural de la Nación.

Capítulo II. Nacionalidad y Ciudadanía

Artículo 144. Nacionalidad de origen. Son guatemaltecos de origen, los nacidos en el territorio de la República de Guatemala, naves y aeronaves guatemaltecas y los hijos de padre o madre guatemaltecos, nacidos en el extranjero. Se exceptúan los hijos de funcionarios diplomáticos y de quienes ejerzan cargos legalmente equiparados.

A ningún guatemalteco de origen, puede privársele de su nacionalidad.

Artículo 145. Nacionalidad de centroamericanos. También se consideran guatemaltecos de origen, a los nacionales por nacimiento, de las repúblicas que constituyeron la Federación de Centroamérica, si adquieren domicilio en Guatemala y manifestaren ante autoridad competente, su deseo de ser guatemaltecos En este caso podrán conservar su nacionalidad de origen, sin perjuicio de lo que se establezca en tratados o convenios centroamericanos.

Artículo 146. Naturalización. Son guatemaltecos, quienes obtengan su naturalización, de conformidad con la ley.

Los guatemaltecos naturalizados, tienen los mismos derechos que los de origen, salvo las limitaciones, que establece esta Constitución.

Artículo 147. Ciudadanía. Son ciudadanos los guatemaltecos mayores de dieciocho años de edad. Los ciudadanos no tendrán más limitaciones, que las que establecen esta Constitución y la ley.

Artículo 148. Suspensión, perdida y recuperación de la ciudadanía. La ciudadanía se suspende, se pierde y se recobra de conformidad con lo que preceptúa la ley.

Capítulo III. Relaciones internacionales del Estado

Artículo 149. De las relaciones internacionales. Guatemala normará sus relaciones con otros Estados, de conformidad con los principios, reglas y prácticas internacionales con el propósito de contribuir al mantenimiento de la paz y la libertad, al respeto y defensa de los derechos humanos, al fortalecimiento de los procesos democráticos e instituciones internacionales que garanticen el beneficio mutuo y equitativo entre los Estados.

Artículo 150. De la comunidad centroamericana. Guatemala, como parte de la comunidad centroamericana, mantendrá y cultivará relaciones de cooperación y solidaridad con los demás Estados que formaron la Federación de Centroamérica; deberá adoptar las medidas adecuadas para llevar a la práctica, en forma parcial o total, la unión política o económica de Centroamérica. Las autoridades competentes están obligadas a fortalecer la integración económica centroamericana sobre bases de equidad.

Artículo 151. Relaciones con Estados afines. El Estado mantendrá relaciones de amistad, solidaridad y cooperación con aquellos Estados, cuyo desarrollo económico, social y cultural, sea análogo al de Guatemala, con el propósito de encontrar soluciones apropiadas a sus problemas comunes y de formular conjuntamente, políticas tendientes al progreso de las naciones respectivas.

Título IV. Poder Público

Capítulo I. Ejercicio del Poder Público

Artículo 152. Poder Público. El poder proviene del pueblo. Su ejercicio está sujeto a las limitaciones señaladas por esta Constitución y la ley.

Ninguna persona, sector del pueblo, fuerza armada o política, puede arrogarse su ejercicio.

Artículo 153. Imperio de la ley. El imperio de la ley se extiende a todas las personas que se encuentren en el territorio de la República.

Artículo 154. Función Pública; sujeción a la ley. Los funcionarios son depositarios de la autoridad, responsables legalmente por su conducta oficial, sujetos a la ley y jamas superiores a ella.

Los funcionarios y empleados públicos están al servicio del Estado y no de partido político alguno.

La función pública no es delegable, excepto en los casos señalados por la ley, y no podrá ejercerse sin prestar previamente juramento de fidelidad a la Constitución.

Artículo 155. Responsabilidad por infracción a la ley. Cuando un dignatario, funcionario o trabajador del Estado, en el ejercicio de su cargo, infrinja la ley en perjuicio de particulares, el Estado o la institución estatal a quien sirva, será solidariamente responsable por los daños y perjuicios que se causaren.

La responsabilidad civil de los funcionarios y empleados públicos, podrá deducirse mientras no se hubiere consumado la prescripción, cuyo término será de veinte años.

La responsabilidad criminal se extingue, en este caso, por el transcurso del doble del tiempo señalado por la ley para la prescripción de la pena.

Ni los guatemaltecos ni los extranjeros, podrán reclamar al Estado, indemnización por daños o perjuicios causados por movimientos armados o disturbios civiles.

Artículo 156. No obligatoriedad de ordenes ilegales. Ningún funcionario o empleado público, civil o militar, está obligado a cumplir ordenes manifiestamente ilegales o que impliquen la comisión de un delito.

Capítulo II. Organismo Legislativo

Sección primera. Congreso

Artículo 157. Potestad legislativa y elección de diputados. La potestad legislativa corresponde al Congreso de la República, integrado por diputados electos directamente por el pueblo en sufragio universal, por el sistema de lista nacional y distritos electorales.

La Ley establecerá el número de diputados que correspondan a cada distrito en proporción a la población y el que corresponda por lista nacional. Asimismo, dispondrá la forma de llenar las vacantes y el régimen de incompatibilidad a que está sujeta la función de diputados.

Artículo 158. Sesiones del Congreso. El Congreso se reunirá sin necesidad de convocatoria, el quince de enero de cada año.

Sus sesiones ordinarias durarán todo el tiempo que sea necesario. Se reunirá en sesiones extraordinarias, cuando sea convocado por la Comisión Permanente o por el Organismo Ejecutivo, para conocer de los asuntos que motivaron la convocatoria. Podrá conocer de otras materias con el voto favorable de la mayoría absoluta del total de diputados que lo integran. El veinticinco por ciento de diputados o más, tienen derecho a pedir a la Comisión Permanente, la convocatoria del Congreso, por razones suficientes de necesidad o conveniencia públicas. Si la solicitaren por lo menos la mitad más uno del total de diputados, la Comisión deberá proceder inmediatamente a la convocatoria.

Artículo 159. Mayoría para resoluciones. Las resoluciones del Congreso, deben tomarse con el voto favorable de la mayoría absoluta de los miembros que lo integran, salvo los casos en que la ley exija un número especial.

Artículo 160. Autorización a diputados para desempeñar otro cargo. Los diputados pueden desempeñar el cargo de ministro o funcionario de Estado o de cualquier otra entidad descentralizada o autónoma. En estos casos deberá concedérseles permiso por el tiempo que duren en sus funciones ejecutivas. En su ausencia temporal, será sustituido por el diputado suplente que corresponda.

Artículo 161. Prerrogativas de los diputados. Los diputados son representantes del pueblo y dignatarios de la Nación;

como garantía para el ejercicio de sus funciones gozarán, desde el día que se les declare electos, de las siguientes prerrogativas:

a) Inmunidad personal para no ser detenidos ni juzgados, si el Congreso no lo autoriza previamente y declara que ha lugar a formación de causa, salvo el caso de flagrante delito en que deberán ser puestos inmediatamente a disposición de la Junta Directiva o Comisión permanente del Congreso para los efectos del antejuicio correspondiente; y

b) Irresponsabilidad por sus opiniones, por su iniciativa y por la manera de tratar los negocios públicos, en el desempeño de su cargo.

Todas las dependencias del Estado tienen la obligación de guardar a los diputados las consideraciones derivadas de su alta investidura. Estas prerrogativas no autorizan arbitrariedad, exceso de iniciativa personal o cualquier orden de maniobra tendientes a vulnerar el principio de no reelección para el ejercicio de la Presidencia de la República. Solo el Congreso será competente para juzgar y calificar si ha habido arbitrariedad o exceso y para imponer las sanciones disciplinarias pertinentes.

Hecha la declaración a que se refiere el inciso a) de este **Artículo**, los acusados quedan sujetos a la jurisdicción de juez competente. Si se les decretare prisión provisional quedan suspensos en sus funciones en tanto no se revoque el auto de prisión.

En caso de sentencia condenatoria firme, el cargo quedará vacante.

Artículo 162. Requisitos para el cargo de diputado. Para ser electo diputado se requiere ser guatemalteco de origen y estar en el ejercicio de sus derechos ciudadanos.

Los diputados durarán en su función cinco años pudiendo ser reelectos.

Artículo 163. Junta Directiva y Comisión Permanente. El Congreso elegirá, cada año, su Junta Directiva. Antes de clausurar su periodo de sesiones ordinarias elegirá la Comisión Permanente, presidida por el Presidente del Congreso, la cual funcionará mientras el Congreso no este reunido.

La integración y las atribuciones de la Junta Directiva y de la Comisión Permanente serán fijadas en la Ley de Régimen Interior.

Artículo 164. Prohibiciones y compatibilidades. No pueden ser diputados:

a) Los funcionarios y empleados de los Organismos Ejecutivo, judicial y del Tribunal y Contraloría de Cuentas, así como los Magistrados del Tribunal Supremo Electoral y el director del Registro de Ciudadanos;

Quienes desempeñen funciones docentes y los profesionales al servicio de establecimientos de asistencia social, están exceptuados de la prohibición anterior;

b) Los contratistas de obras o empresas públicas que se costeen con fondos del Estado o del municipio, sus fiadores y los que de resultas de tales obras o empresas, tengan pendiente reclamaciones de interés propio;

c) Los parientes del Presidente de la República y los del Vicepresidente dentro del cuarto grado de consanguinidad o segundo de afinidad;

d) Los que habiendo sido condenados en juicio de cuentas por sentencia firme, no hubieren solventado sus responsabilidades;

e) Quienes representen intereses de compañías o personas individuales que exploten servicios públicos; y

f) Los militares en servicio activo. Si al tiempo de su elección, o posteriormente, el electo resultare incluido en cualquiera de las prohibiciones contenidas en este **Artículo**, se declarará vacante su puesto, pero si fuera de los comprendidos en los literales a) y e) podrá optar entre el ejercicio de esas funciones o el cargo de diputado. Es nula la elección de diputado que recayere en funcionario que ejerza jurisdicción en el distrito electoral que lo postula, o la hubiere ejercido tres meses antes de la fecha en que se haya convocado a la elección.

El cargo de diputado es compatible con el desempeño de misiones diplomáticas temporales o especiales y con la representación de Guatemala en congresos internacionales.

Sección segunda. Atribuciones del Congreso

Artículo 165. Atribuciones. Corresponde al Congreso de la República:

a) Abrir y cerrar sus periodos de sesiones;

b) Recibir el juramento de ley al Presidente y Vicepresidente de la República, al Presidente del Organismo Judicial y darles posesión de sus cargos;

c) Aceptar o no la renuncia del Presidente o del Vicepresidente de la República. El Congreso comprobará la autenticidad de la renuncia respectiva;

d) Dar posesión de la Presidencia de la República, al Vicepresidente en caso de ausencia absoluta o temporal del Presidente.

e) Conceder o no permiso al Presidente y al Vicepresidente de la República para ausentarse del territorio de Centroamérica o para separarse temporalmente de las funciones de su cargo;

f) Elegir a los funcionarios que, de conformidad con la Constitución y la ley, deban ser designados por el Congreso; aceptarles o no la renuncia y elegir a las personas que han de sustituirlos;

g) Desconocer al Presidente de la República si, habiendo vencido su periodo constitucional, continúa en el ejercicio del cargo. En tal caso, el Ejército pasará automáticamente a depender del Congreso;

h) Declarar si ha lugar o no a formación de causa contra el presidente y Vicepresidente de la República, Presidente y magistrados de la Corte Suprema de Justicia, del Tribunal Supremo Electoral, Ministros, viceministros de Estado cuando estén encargados del Despacho, Secretario General de la Presidencia y el Subsecretario que lo sustituya, Procurador General de la Nación y diputados al Congreso;

Toda resolución al respecto ha de tomarse con el voto de las dos terceras partes del número total de diputados;

i) Declarar, con el voto de las dos terceras partes del número total de diputados que integran el Congreso, la incapacidad física o mental del Presidente de la República para el ejercicio del cargo. La declaratoria debe fundarse en dictamen previo de una comisión de cinco médicos, designados por la Junta Directiva del Colegio respectivo a solicitud del Congreso;

j) Interpelar a los ministros de Estado; y

k) Todas las demás atribuciones que le asigne la Constitución y otras leyes.

Artículo 166. Interpelaciones a ministros. Los ministros de Estado, tienen la obligación de presentarse al Congreso, a fin de contestar las interpelaciones que se les formulen por uno o más diputados. Se exceptúan aquellas que se refieran a asuntos diplomáticos u operaciones militares pendientes.

Las preguntas básicas deben comunicarse al ministro o ministros interpelados, con cuarenta y ocho horas de anticipación. Ni el Congreso en pleno, ni autoridad alguna, podrá limitar a los diputados al Congreso el derecho de interpelar, calificar las preguntas o restringirlas.

Cualquier diputado puede hacer las preguntas adicionales que estime pertinentes relacionadas con el asunto o asuntos que motiven la interpelación y de esta podrá derivarse el planteamiento de un voto de falta de confianza que deberá ser solicitado por cuatro diputados, por lo menos, y tramitado sin demora, en la misma sesión o en una de las dos inmediatas siguientes.

Artículo 167. Efectos de la interpelación. Cuando se plantea re la interpelación de un ministro, este no podrá ausentarse del país, ni excusarse de responder en forma alguna.

Si se emitiere voto de falta de confianza a un ministro, aprobado por no menos de la mayoría absoluta del total de diputados al Congreso, el ministro presentará inmediatamente su dimisión. El Presidente de la República podrá aceptarla, pero si considera en Consejo de Ministros, que el acto o actos censurables al ministro se ajustan a la conveniencia nacional y a la política del gobierno, el interpelado podrá recurrir ante el Congreso dentro de los ocho días a partir de la fecha del voto de falta de confianza. Si no lo hiciere, se le tendrá por separado de su cargo e inhábil para ejercer el cargo de ministro de Estado por un periodo no menor de seis meses.

Si el ministro afectado hubiese recurrido ante el Congreso, después de oídas las explicaciones presentadas y discutido el asunto y ampliada la interpelación, se votará sobre la ratificación de la falta de confianza, cuya aprobación requerirá el voto afirmativo de las dos terceras partes que integran el total de diputados al Congreso. Si se ratifica el voto de falta de confianza, se tendrá al ministro por separado de su cargo de inmediato.

En igual forma, se procederá cuando el voto de falta de confianza se emitiere contra varios ministros y el número no puede exceder de cuatro en cada caso.

Artículo 168. Asistencia de ministros, funcionarios y empleados al Congreso. Los ministros de Estado podrán asistir y tomar parte con voz, en las sesiones del Congreso de la República, así como de sus comisiones, cuando sean invitados y se traten asuntos relacionados con su Ramo. Podrán hacerse representar por sus viceministros.

Todos los funcionarios y empleados públicos están obligados a acudir e informar al Congreso, cuando este o sus comisiones lo considere necesario.

Artículo 169. Convocatoria a elecciones por el Congreso. Es obligación del Congreso, o en su defecto de la Comisión Permanente, convocar sin demora a elecciones generales cuando en la fecha indicada por la ley, el Tribunal Supremo Electoral no lo hubiere hecho.

Artículo 170. Atribuciones específicas. Son atribuciones específicas del Congreso:

a) Calificar las credenciales que extenderá el Tribunal Supremo Electoral a los diputados electos;

b) Nombrar y remover a su personal administrativo. Las relaciones del Organismo Legislativo con su personal administrativo, técnico y de servicios, será regulado por una ley específica, la cual establecerá el régimen de clasificación, de sueldos disciplinarios y de despidos;

Las ventajas laborales del personal del Organismo Legislativo, que se hubieren obtenido por ley, acuerdo interno, resolución o por costumbre, no podrán ser disminuidas o tergiversadas;

c) Aceptar o no las renuncias que presentaren sus miembros;

d) Llamar a los diputados suplentes en caso de muerte, renuncia, nulidad de elección, permiso temporal o imposibilidad de concurrir de los propietarios; y

e) Elaborar y aprobar su presupuesto para ser incluido en el del Estado.

Artículo 171. Otras atribuciones del Congreso. Corresponde también al Congreso:

a) Decretar, reformar y derogar las leyes;

b) Aprobar, modificar o improbar, a más tardar treinta días antes de entrar en vigencia el Presupuesto de Ingresos y Egresos del Estado. El Ejecutivo deberá enviar el proyecto de presupuesto al Congreso con ciento veinte días de anticipación a la fecha en que principiará el ejercicio fiscal. Si al momento de iniciarse el año fiscal, el presupuesto no hubiere sido aprobado por el Congreso, regirá de nuevo el presupuesto en vigencia en el ejercicio anterior, el cual podrá ser modificado o ajustado por el Congreso;

c) Decretar impuestos ordinarios y extraordinarios conforme a las necesidades del Estado y determinar las bases de su recaudación;

d) Aprobar o improbar anualmente, en todo o en parte, y previo informe de la Contraloría de Cuentas, el detalle y justificación de todos los ingresos y egresos de las finanzas públicas, que le presente c Ejecutivo sobre el ejercicio fiscal anterior;

e) Decretar honores públicos por grandes servicios prestados a la Nación. En ningún caso podrán ser otorgados al Presidente o Vicepresidente de la República, en el periodo de su gobierno, ni a ningún otro funcionario en el ejercicio de su cargo;

f) Declarar la guerra y aprobar o improbar los tratados de paz;

g) Decretar amnistía por delitos políticos y comunes conexos cuando lo exija la conveniencia pública;

h) Fijar las características de la moneda, con opinión de la Junta Monetaria;

i) Contraer, convertir, consolidar o efectuar otras operaciones relativas a la deuda pública interna o externa. En todos los casos deberá oírse previamente las opiniones del Ejecutivo y de la Junta Monetaria; Para que el Ejecutivo, la Banca Central o cualquier otra entidad estatal pueda concluir negociaciones de empréstitos u otras formas de deudas, en el interior o en el exterior, será necesaria la aprobación previa del Congreso, así como para emitir obligaciones de toda clase;

j) Aprobar o improbar los proyectos de ley que sobre reclamaciones al Estado, por créditos no reconocidos, sean sometidos a su conocimiento por el Ejecutivo y señalar asignaciones especiales para su pago o amortización. Velar porque sean debidamente pagados los créditos contra el estado y sus instituciones derivados de condenas de los tribunales;

k) Decretar, a solicitud del Organismo Ejecutivo, reparaciones o indemnizaciones en caso de reclamación internacional, cuando no se haya recurrido a arbitraje o a juicio internacional;

l) Aprobar, antes de su ratificación, los tratados, convenios o cualquier arreglo internacional cuando:

1) Afecten a leyes vigentes para las que esta Constitución requiera la misma mayoría de votos.

2) Afecten el dominio de la Nación, establezcan la unión económica o política de Centroamérica, ya sea parcial o total, o atribuyan o transfieran competencias a organismos, instituciones o mecanismos creados dentro de un ordenamiento jurídico comunitario concentrado para realizar objetivos regionales y comunes en el ámbito centroamericano.

3) Obliguen financieramente al Estado, en proporción que exceda al uno por ciento del Presupuesto de Ingresos Ordinarios o cuando el monto de la obligación sea indeterminado.

4) Constituyan compromiso para someter cualquier asunto a decisión judicial o arbitraje internacionales.

5) Contengan cláusula general de arbitraje o de sometimiento a jurisdicción internacional;

y m) Nombrar comisiones de investigación en asuntos específicos de la administración pública, que planteen problemas de interés nacional.

Artículo 172. Mayoría calificada. Aprobar antes de su ratificación, con el voto de las dos terceras partes del total de diputados que integran el Congreso, los tratados, convenios o cualquier arreglo internacional, cuando:

a) Se refieran al paso de ejércitos extranjeros por el territorio nacional o al establecimiento temporal de bases militares extranjeras; y

b) Afecten o puedan afectar la seguridad del Estado o pongan fin a un estado de guerra.

Artículo 173. Procedimiento consultivo. Las decisiones políticas de especial trascendencia deberán ser sometidas a procedimiento consultivo de todos los ciudadanos.

La consulta será convocada por el Tribunal Supremo Electoral a iniciativa del Presidente de la República o del Congreso de la República, que fijarán con precisión la o las preguntas que se someterán a los ciudadanos.

Sección tercera. Formación y sanción de la ley

Artículo 174. Iniciativa de ley. Para la formación de las leyes tienen iniciativa los diputados al Congreso, el Organismo Ejecutivo, la Corte Suprema de Justicia, la Universidad de San Carlos de Guatemala y el Tribunal Supremo Electoral.

Artículo 175. Jerarquía constitucional. Ninguna ley podrá contrariar las disposiciones de la Constitución. Las leyes que violen o tergiversen los mandatos constitucionales son nulas ipso jure.

Las leyes calificadas como constitucionales requieren, para su reforma, el voto de las dos terceras partes del total de diputados que integran el Congreso, previo dictamen favorable de la Corte de Constitucionalidad.

Artículo 176. Admisión y discusión. Admitido un proyecto de ley se pondrá a discusión en tres sesiones diferentes, celebradas en distintos días y no podrá votarse hasta que se tenga por suficientemente discutido en la tercera sesión. Se exceptúan aquellos casos que el Congreso declare de urgencia nacional, con el voto de las dos terceras partes del total de diputados que lo integran. En todo lo demás, se observará el procedimiento que prescriba el Reglamento Interior.

Artículo 177. Aprobación, sanción y promulgación. Aprobado un proyecto de ley, pasará al Ejecutivo para su sanción y promulgación.

Artículo 178. Veto, dentro de los quince días de recibido el decreto y previo acuerdo tomado en Consejo de Ministros, el Presidente de la República podrá devolverlo al Congreso con las observaciones que estime pertinentes, en ejercicio de su derecho de veto. Las leyes no podrán ser vetadas parcialmente.

Si el Organismo Ejecutivo no devolviere el decreto dentro de los quince días contados desde la fecha de su recepción, se tendrá por sancionado y deberá promulgarse como ley dentro de los ocho días siguientes.

En caso de que el Congreso clausurare sus sesiones antes de que expire el plazo en que puede ejercitarse el veto, el Ejecutivo deberá devolver el decreto dentro de los ocho días de sesiones ordinarias del periodo siguiente.

Artículo 179. Primacía legislativa. Devuelto el decreto al Congreso, este podrá reconsiderarlo o dejarlo para el periodo siguiente; si no fueren aceptadas las observaciones hechas por el Ejecutivo, y el Congreso ratificare con el voto de las dos terceras partes de sus miembros, el Ejecutivo deberá necesariamente sancionar y promulgar el decreto dentro de los ocho días siguientes de haberlo recibido. Si el Ejecutivo no lo hiciere, el Congreso ordenará su publicación, para que surta efectos como ley de la República.

Artículo 180. Vigencia. La ley empieza a regir en todo el territorio nacional, ocho días después de su publicación íntegra en el Diario Oficial, a menos que la misma ley amplíe o restrinja dicho plazo.

Artículo 181. Disposiciones del Congreso. No necesitan de sanción del Ejecutivo, las disposiciones del Congreso relativas a su Régimen Interior y las contenidas en los artículos 165 y 170 de esta Constitución.

Capítulo III. Organismo Ejecutivo

Sección primera. Presidente de la República

Artículo 182. Presidencia de la República e integración del Organismo Ejecutivo. El presidente de la República es el Jefe del Estado, representa la unidad nacional y los intereses del pueblo de Guatemala.

El Presidente y el Vicepresidente de la República, ministros y viceministros de Estado y funcionarios dependientes integran el Organismo Ejecutivo.

Artículo 183. Funciones del Presidente de la República. Son funciones del Presidente de la República:

a) Cumplir y hacer cumplir la Constitución y las leyes;

b) Proveer a la defensa y a la seguridad de la Nación, así como a la conservación del orden público;

c) Ejercer el mando de las Fuerzas Armadas de la Nación con el carácter de Comandante General del Ejército, con todas las funciones y atribuciones respectivas;

d) Ejercer el mando superior de toda la fuerza pública;

e) Sancionar, promulgar, ejecutar y hacer que se ejecuten las leyes, dictar los decretos para los que estuviere facultado por la Constitución, así como los acuerdos, reglamentos y ordenes para el estricto cumplimiento de las leyes, sin alterar su espíritu;

f) Dictar las disposiciones que sean necesarias en los casos de emergencia grave o de calamidad pública debiendo dar cuenta al Congreso en sus sesiones inmediatas;

g) Presentar proyectos de ley al Congreso de la República;

h) Ejercer el derecho de veto con respecto a las leyes emitidas por el Congreso, salvo los casos en que no sea necesaria la sanción del Ejecutivo de conformidad con la Constitución;

i) Presentar anualmente al Congreso de la República, al iniciarse su periodo de sesiones, informe escrito sobre la situación general de la República y de los negocios de su administración realizados durante el año anterior;

j) Someter anualmente al Congreso, para su aprobación con no menos de ciento veinte días de anticipación a la fecha en que principiará el ejercicio fiscal, por medio del Ministerio de Finanzas públicas, el proyecto de presupuesto que contenga en detalle los ingresos y egresos del Estado. Si el Congreso no estuviere reunido deberá celebrar sesiones extraordinarias para conocer del proyecto.

k) Someter a la consideración del Congreso para su aprobación, y antes de su ratificación, los tratados y convenios de carácter internacional y los contratos y concesiones sobre servicios públicos;

l) Convocar al Organismo Legislativo a sesiones extraordinarias cuando los intereses de la República lo demanden;

m) Coordinar a través del Consejo de Ministros la política de desarrollo de la Nación;

n) Presidir el Consejo de Ministros y ejercer la función de superior jerárquico de los funcionarios y empleados del Organismo Ejecutivo;

nh) Mantener la integridad territorial y la dignidad de la Nación;

o) Dirigir la política exterior y las relaciones internacionales, celebrar, ratificar y denunciar tratados y convenios de conformidad con la Constitución;

p) Recibir a los representantes diplomáticos, así como expedir y retirar el exequatur a las patentes de los cónsules;

q) Administrar la hacienda pública con arreglo a la ley;

r) Exonerar de multas y recargos a los contribuyentes que hubieren incurrido en ellas por no cubrir los impuestos dentro de los términos legales o por actos u omisiones en el orden administrativo;

s) Nombrar y remover a todos los funcionarios y empleados públicos que le corresponde conforme la ley;

t) Conceder jubilaciones, pensiones y montepíos de conformidad con la ley;

u) Conceder condecoraciones a Guatemaltecos y extranjeros; y

v) Todas las demás funciones que le asigne esta Constitución o la ley.

Artículo 184. Elección del Presidente y Vicepresidente de la República. El Presidente y Vicepresidente de la República serán electos por el pueblo mediante sufragio universal y por un periodo improrrogable de cuatro años, mediante sufragio universal y secreto.

Si ninguno de los candidatos obtiene la mayoría absoluta se procederá a segunda elección dentro de un plazo no mayor de sesenta ni menor de cuarenta y cinco días, contados a partir de la primera y en día domingo, entre los candidatos que hayan obtenido las dos más altas mayorías relativas.

Artículo 185. Requisitos para optar a los cargos de Presidente o vicepresidente de la República. Podrán optar a cargo de Presidente o Vicepresidente de la República, los guatemaltecos de origen que sean ciudadanos en ejercicio y mayores de cuarenta años.

Artículo 186. Prohibiciones para optar a los cargos de Presidente o Vicepresidente de la República. No podrán optar al cargo de Presidente o vicepresidente de la República:

a) El caudillo ni los jefes de un golpe de Estado, revolución armada o movimiento similar, que haya alterado el orden constitucional, ni quienes como consecuencia de tales hechos asuman la Jefatura de Gobierno;

b) La persona que ejerza la Presidencia o Vicepresidencia de la República cuando se haga la elección para dicho cargo, o que la hubiere ejercido durante cualquier tiempo dentro del periodo presidencial en que se celebren las elecciones;

c) Los parientes dentro del cuarto grado de consanguinidad y segundo de afinidad del Presidente o Vicepresidente de la República, cuando este último se encuentre ejerciendo la Presidencia y los de las personas a que se refiere el inciso primero de este **Artículo**;

d) El que hubiese sido ministro de Estado, durante cualquier tiempo en los seis meses anteriores a la elección;

e) Los miembros del Ejército, salvo que estén de baja o en situación de retiro por lo menos cinco años antes de la fecha de convocatoria;

f) Los ministros de cualquier religión o culto; y

g) Los magistrados del Tribunal Supremo Electoral.

Artículo 187. Prohibición de reelección. La persona que haya desempeñado durante cualquier tiempo el cargo de Presidente de la República por elección popular, o quien le haya ejercido por más de dos años en sustitución del titular, no podrá volver a desempeñarlo en ningún caso.

La reelección o la prolongación del periodo presidencial por cualquier medio, son punibles de conformidad con la ley. El mandato que se pretenda ejercer será nulo.

Artículo 188. Convocatoria a elecciones y toma de posesión. La convocatoria a elecciones y la toma de posesión del Presidente y del Vicepresidente de la República, se regirán por lo establecido en la Ley Electoral y de Partidos Políticos.

Artículo 189. Falta temporal o absoluta del Presidente de la República. En caso de falta temporal o absoluta del Presidente de la República, lo sustituirá el Vicepresidente. Si la falta fuere absoluta el Vicepresidente desempeñará la Presidencia hasta la terminación del periodo constitucional; y en caso de falta permanente de ambos, completará dicho periodo la persona que designe el Congreso de la República, con el voto favorable de las dos terceras partes del total de diputados.

Sección segunda. Vicepresidente de la República

Artículo 190. Vicepresidente de la República. El Vicepresidente de la República ejercerá las funciones de Presidente de la República en los casos y forma que establece la Constitución. Será electo en la misma planilla con el Presidente de la República, en idéntica forma y para igual periodo.

El Vicepresidente deberá reunir las mismas calidades que el Presidente de la República, gozará de iguales inmunidades y tiene en el orden jerárquico del Estado, el grado inmediato inferior al de dicho funcionario.

Artículo 191. Funciones del vicepresidente. Son funciones del Vicepresidente de la República:

a) Participar en las deliberaciones del Consejo de Ministros con voz y voto;

b) Por designación del Presidente de la República, representarlo con todas las preeminencias que al mismo correspondan, en actos oficiales y protocolarios o en otras funciones;

c) Coadyuvar, con el Presidente de la República, en la dirección de la política general del gobierno y ser corresponsable de ellas;

d) Participar, conjuntamente con el Presidente de la República, en la formulación de la política exterior y las relaciones internacionales, así como desempeñar misiones diplomáticas o de otra naturaleza en el exterior;

e) Presidir el Consejo de Ministros en ausencia del Presidente de la República;

f) Presidir los órganos de asesoría del Ejecutivo que establezcan las leyes;

g) Coordinar la labor de los ministros de Estado; y

h) Ejercer las demás atribuciones que le señalen la Constitución y las leyes.

Artículo 192. Falta del Vicepresidente. En caso de falta absoluta del Vicepresidente de la República o renuncia del mismo, será sustituido por la persona que designe el Congreso de la República, escogiéndola de una terna propuesta por el Presidente de la República; en tales casos el sustituto fungirá hasta terminar el periodo con iguales funciones y preeminencias.

Sección tercera. Ministros de Estado

Artículo 193. Ministerios. Para el despacho de los negocios del Organismo Ejecutivo, habrá los ministerios que la ley establezca, con las atribuciones y la competencia que la misma les señale.

Artículo 194. Funciones del ministro. Cada ministerio estará a cargo de un ministro de Estado, quien tendrá las siguientes funciones:

a) Ejercer jurisdicción sobre todas las dependencias de su ministerio;

b) Nombrar y remover a los funcionarios y empleados de su ramo, cuando le corresponda hacerlo conforme a la ley;

c) Refrendar los decretos, acuerdos y reglamentos dictados por el Presidente de la República, relacionados con su despacho para que tengan validez;

d) Presentar al Presidente de la República el plan de trabajo de su ramo y anualmente una memoria de las labores desarrolladas;

e) Presentar anualmente al Presidente de la República, en su oportunidad el proyecto de presupuesto de su ministerio;

f) Dirigir, tramitar, resolver e inspeccionar todos los negocios relacionados con su ministerio;

g) Participar en las deliberaciones del Consejo de Ministros y suscribir los decretos y acuerdos que el mismo emita;

h) Concurrir al Congreso de la República y participar en los debates sobre negocios relacionados con su ramo; e

i) Velar por el estricto cumplimiento de las leyes, la probidad administrativa y la correcta inversión de los fondos públicos en los negocios confiados a su cargo.

Artículo 195. Consejo de Ministros y su responsabilidad. El Presidente, el Vicepresidente de la República y los ministros de Estado, reunidos en sesión, constituyen el Consejo de Ministros el cual conoce de los asuntos sometidos a su consideración por el Presidente de la República, quien lo convoca y preside.

Los ministros son responsables de sus actos, de conformidad con esta Constitución y las leyes, aun en el caso de que obren por orden expresa del Presidente. De las decisiones del Consejo de Ministros serán solidariamente responsables los ministros que hubieren concurrido, salvo aquellos que hayan hecho constar su voto adverso.

Artículo 196. Requisitos para ser ministro de Estado. Para ser ministro de Estado se requiere:

a) Ser guatemalteco;
b) Hallarse en el goce de los derechos de ciudadanos; y
c) Ser mayor de treinta años.

Artículo 197. Prohibiciones para ser ministro de Estado. No pueden ser ministros de Estado:

a) Los parientes del Presidente o del Vicepresidente de la República, así como los de otro ministro de Estado, dentro del cuarto grado de consanguinidad y segundo de afinidad;

b) Los que habiendo sido condenados en juicio de cuentas no hubieren solventado sus responsabilidades;

c) Los contratistas de obras o empresas que se costeen con fondos del Estado, de sus entidades descentralizadas, autónomas o semiautónomas o del municipio, sus fiadores y quienes tengan reclamaciones pendientes por dichos negocios;

d) Quienes representen o defiendan intereses de personas individuales o jurídicas que exploten servicios públicos; y

e) Los ministros de cualquier religión o culto.

En ningún caso pueden los ministros actuar como apoderados de personas individuales o jurídicas, ni gestionar en forma alguna negocios de particulares.

Artículo 198. Memoria de actividades de los ministerios. Los ministros están obligados a presentar anualmente al Congreso, en los primeros diez días del mes de febrero de cada año, la memoria de las actividades de sus respectivos ramos, que deberá contener además la ejecución presupuestaria de su ministerio.

Artículo 199. Comparecencia obligatoria a interpelaciones. Los ministros tienen la obligación de presentarse ante el Congreso, con el objeto de contestar las interpelaciones que se les formule.

Artículo 200. Viceministros de Estado. En cada Ministerio de Estado habrá un viceministro. Para ser viceministro se requieren las mismas calidades que para ser ministro.

Para la creación de plazas adicionales de Viceministros será necesaria la opinión favorable del Consejo de Ministros.

Artículo 201. Responsabilidad de los ministros y viceministros. Los ministros y viceministros de Estado son responsables de sus actos, de acuerdo con lo que prescribe el **Artículo 195** de esta Constitución y lo que determina la Ley de Responsabilidades.

Artículo 202. Secretarios de la Presidencia. El Presidente de la República tendrá los secretarios que sean necesarios. Las atribuciones de estos serán determinadas por la ley.

Los secretarios General y Privado de la Presidencia de la República, deberán reunir los mismos requisitos que se exigen para ser ministro y gozarán de iguales prerrogativas e inmunidades.

Capítulo IV. Organismo Judicial

Sección primera. Disposiciones generales

Artículo 203. Independencia del Organismo Judicial y potestad de juzgar. La justicia se imparte de conformidad con la Constitución y las leyes de la República. Corresponde a los tribunales de justicia la potestad de juzgar y promover la ejecución de lo juzgado. Los otros organismos del Estado deberán prestar a los tribunales el auxilio que requieran para el cumplimiento de sus resoluciones.

Los magistrados y jueces son independientes en el ejercicio de sus funciones y únicamente están sujetos a la Constitución de la República y a las leyes. A quienes atentaren contra la independencia del Organismo Judicial, además de imponérseles las penas fijadas por el Código Penal, se les inhabilitará para ejercer cualquier cargo público.

La función jurisdiccional se ejerce, con exclusividad absoluta, por la Corte Suprema de Justicia y por los demás tribunales que la ley establezca.

Ninguna otra autoridad podrá intervenir en la administración de justicia.

Artículo 204. Condiciones esenciales de la administración de justicia. Los tribunales de justicia en toda resolución o sentencia observarán obligadamente el principio de que la Constitución de la República prevalece sobre cualquier ley o tratado.

Artículo 205. Garantías del Organismo Judicial. Se instituyen como garantías del Organismo Judicial, las siguientes:

a) La independencia funcional;
b) La independencia económica;

c) La no remoción de los magistrados y jueces de primera instancia, salvo los casos establecidos por la ley; y
d) La selección del personal.

Artículo 206. Derecho de antejuicio para magistrados y jueces. Los magistrados y jueces gozarán del derecho de antejuicio en la forma que lo determine la ley. El Congreso de la República tiene competencia para declarar si ha lugar o no a formación de causa contra el Presidente del Organismo Judicial y los magistrados de la Corte Suprema de Justicia.

Corresponde a esta última la competencia en relación a los otros magistrados y jueces.

Artículo 207. Requisitos para ser magistrado o juez. Los magistrados y jueces deben ser guatemaltecos de origen, de reconocida honorabilidad, estar en el goce de sus derechos ciudadanos y ser abogados colegiados, salvo las excepciones que la ley establece con respecto a este último requisito en relación a determinados jueces de jurisdicción privativa y jueces menores.

La ley fijará el número de magistrados, así como la organización y funcionamiento de los tribunales y los procedimientos que deban observarse, según la materia de que se trate.

La función de magistrado o juez es incompatible con cualquier otro empleo, con cargos directivos en sindicatos y partidos políticos, y con la calidad de ministro de cualquier religión.

Los magistrados de la Corte Suprema de Justicia prestarán ante el Congreso de la República, la protesta de administrar pronta y cumplida justicia. Los demás magistrados y jueces, la prestarán ante la Corte Suprema de Justicia.

Artículo 208. Periodo de funciones de magistrados y jueces. Los magistrados, cualquiera que sea su categoría, y los jueces de primera instancia, durarán en sus funciones cinco años, pudiendo ser reelectos los primeros y nombrados nuevamente los segundos. Durante ese periodo no podrán ser removidos ni suspendidos, sino en los casos y con las formalidades que disponga la ley.

Artículo 209. Nombramiento de jueces y personal auxiliar. Los jueces, secretarios y personal auxiliar serán nombrados por la Corte Suprema de Justicia.

Se establece la carrera judicial. Los ingresos, promociones y ascensos se harán mediante oposición. Una ley regulará esta materia.

Artículo 210. Ley de Servicio Civil del Organismo Judicial. Las relaciones laborales de los funcionarios y empleados del Organismo Judicial, se normarán por su Ley de Servicio Civil.

Los jueces y magistrados no podrán ser separados, suspendidos, trasladados ni jubilados, sino por alguna de las causas y con las garantías previstas en la ley.

Artículo 211. Instancias en todo proceso. En ningún proceso habrá más de dos instancias y el magistrado o juez que haya ejercido jurisdicción en alguna de ellas no podrá conocer en la otra ni en casación, en el mismo asunto, sin incurrir en responsabilidad.

Ningún tribunal o autoridad puede conocer de procesos fenecidos, salvo los casos y formas de revisión que determine la ley.

Artículo 212. Jurisdicción específica de los tribunales. Los tribunales comunes conocerán de todas las controversias de derecho privado en las que el Estado, el municipio o cualquier otra entidad descentralizada o autónoma actúe como parte.

Artículo 213. Presupuesto del Organismo Judicial. Es atribución de la Corte Suprema de Justicia formular el presupuesto del Ramo; para el efecto, se le asigna una cantidad no menor del dos por ciento del Presupuesto de Ingresos Ordinarios del Estado, que deberá entregarse a la Tesorería del Organismo Judicial cada mes en forma proporcional y anticipada por el órgano correspondiente.

Son fondos privativos del Organismo Judicial los derivados de la Administración de Justicia y corresponde a la Corte Suprema de Justicia su inversión, la cual será conforme a la ley y publicándose el detalle de los gastos que se haga de dichos fondos.

Sección segunda. Corte Suprema de Justicia

Artículo 214. Integración de la Corte Suprema de Justicia. La Corte Suprema de Justicia se integra con nueve magistrados, incluyendo al Presidente, y se organizará en las cámaras que la ley determine.

El Presidente del Organismo Judicial lo es también de la Corte Suprema de Justicia y su autoridad, se extiende a los tribunales de toda la República.

En caso de falta temporal del Presidente del Organismo Judicial o cuando conforme a la ley no pueda actuar o conocer, en determinados casos, lo sustituirán los demás magistrados de la Corte Suprema de Justicia en el orden de su elección.

Artículo 215. Elección de la Corte Suprema de Justicia. Los magistrados de la Corte Suprema de Justicia serán electos por el Congreso de la República para un periodo de seis años, así:

a) Cuatro magistrados electos directamente por el Congreso de la República; y

b) Cinco magistrados electos por el Congreso de la República, seleccionados de una nómina de treinta candidatos propuestos por una Comisión de postulación integrada por cada uno de los decanos de las facultades de derecho o de ciencias jurídicas y sociales de cada universidad del país; un número equivalente de miembros electos por la Asamblea General del Colegio de Abogados y Notarios de Guatemala, y un representante del Organismo Judicial nombrado por la Corte Suprema de Justicia.

En las votaciones, tanto para integrar la Comisión de Postulación como para la integración de la nómina de candidatos, no se aceptará representación alguna.

Los magistrados de la Corte Suprema de Justicia elegirán entre sus miembros al Presidente de la Corte

Artículo 216. Requisitos para ser magistrado de la Corte Suprema de Justicia. Para ser electo magistrado de la Corte Suprema de Justicia, se requiere, además de los requisitos previstos en el **Artículo 207** de esta Constitución, ser mayor de cuarenta años, y haber desempeñado un periodo completo como magistrado de la Corte de apelaciones o de los tribunales colegiados que tengan la misma calidad, o haber ejercido la profesión de abogado por más de diez años.

Sección tercera. Corte de Apelaciones y otros tribunales

Artículo 217. Magistrados. Para ser magistrado de la Corte de Apelaciones, de los tribunales colegiados y de otros que se crearen con la misma categoría, se requiere, además de los requisitos señalados en el **Artículo** 207, ser mayor de treinta y cinco años, haber sido juez de primera instancia o haber ejercido por más de cinco años la profesión de abogado.

Los magistrados a que se refiere este **Artículo**, serán electos por el Congreso de la República, seleccionados de una nómina de candidatos propuestos por la Corte Suprema de Justicia. Esta nómina será de un número equivalente al doble de magistrados a elegir.

Artículo 218. Integración de la Corte de Apelaciones. La Corte de Apelaciones se integra con el número de salas que determine la Corte Suprema de Justicia, la que también fijará su sede y jurisdicción.

Artículo 219. Tribunales militares. Los tribunales militares conocerán de los delitos o faltas cometidos por los integrantes del Ejército de Guatemala.

Ningún civil podrá ser juzgado por tribunales militares.

Artículo 220. Tribunales de Cuentas. La función judicial en materia de cuentas será ejercida por los jueces de primera instancia y el Tribunal de Segunda Instancia de Cuentas.

Contra las sentencias y los autos definitivos de cuentas que pongan fin al proceso en los asuntos de mayor cuantía, procede el recurso de casación. Este recurso es inadmisible en los procedimientos económico-coactivos.

Artículo 221. Tribunal de lo Contencioso-Administrativo. Su función es de contralor de la juridicidad de la administración pública y tiene atribuciones para conocer en caso de contienda por actos o resoluciones de la administración y de las entidades descentralizadas y autónomas del Estado, así como en los casos de controversias derivadas de contratos y concesiones administrativas.

Para ocurrir a este Tribunal, no será necesario ningún pago o caución previa. Sin embargo, la ley podrá establecer determinadas situaciones en las que el recurrente tenga que pagar intereses a la tasa corriente sobre los impuestos que haya discutido o impugnado y cuyo pago al Fisco se demoro en virtud del recurso.

Contra las resoluciones y autos que pongan fin al proceso, puede interponerse el recurso de casación.

Artículo 222. Magistrados suplentes. Los magistrados suplentes de la Corte Suprema de Justicia, de la Corte de Apelaciones y demás tribunales colegiados, serán electos en la misma forma que los titulares y de la misma nómina.

Título V. Estructura y Organización del Estado

Capítulo I. Régimen Político Electoral

Artículo 223. Libertad de formación y funcionamiento de las organizaciones políticas. El Estado garantiza la libre formación y funcionamiento de las organizaciones políticas y solo tendrán las limitaciones que esta Constitución y la ley determinen.

Todo lo relativo al ejercicio del sufragio, los derechos políticos, organizaciones políticas, autoridades y órganos electorales y proceso electoral, será regulado por la ley constitucional de la materia.

Capítulo II. Régimen administrativo

Artículo 224. División administrativa. El territorio de la República, se divide para su administración en departamentos y estos en municipios.

La administración será descentralizada y se establecerán regiones de desarrollo con criterios económicos, sociales y culturales que podrán estar constituidos por uno o más departamentos para dar un impulso racionalizado al desarrollo integral del país.

Sin embargo, cuando así convenga a los intereses de la Nación, el Congreso podrá modificar la división administrativa del país, estableciendo un régimen de regiones, departamentos y municipios, o cualquier otro sistema, sin menoscabo de la autonomía municipal.

Artículo 225. Consejo Nacional de desarrollo Urbano y Rural. Para la organización y coordinación de la administración pública, se crea el Consejo Nacional de Desarrollo Urbano y Rural coordinado por el Presidente de la República e integrado en la forma que la ley establezca.

Este Consejo tendrá a su cargo la formulación de las políticas de desarrollo urbano y rural, así como la de ordenamiento territorial.

Artículo 226. Consejo Regional de Desarrollo Urbano y Rural. Las regiones que conforme a la ley se establezcan, contarán con un Consejo Regional de Desarrollo Urbano y Rural, presidido por un representante del Presidente de la República e integrado por los gobernadores de los departamentos que forman la región, por un representante de las corporaciones municipales de cada uno de los departamentos incluidos en la misma y por los representantes de las entidades públicas y privadas que la ley establezca.

Los presidentes de estos consejos integrarán ex officio el Consejo Nacional de Desarrollo Urbano y Rural.

Artículo 227. Gobernadores. El gobierno de los departamentos estará a cargo de un gobernador nombrado por el Presidente de la República, deberá reunir las mismas calidades que un ministro de Estado y gozará de las mismas inmunidades que este, debiendo haber estado domiciliado durante los cinco años anteriores a su designación en el departamento para el que fuere nombrado.

Artículo 228. Consejo departamental. En cada departamento habrá un Consejo Departamental que presidirá el gobernador; estará integrado por los alcaldes de todos los municipios y representantes de los sectores público y privado organizados, con el fin de promover el desarrollo del departamento.

Artículo 229. Aporte financiero del gobierno central a los departamentos. Los consejos regionales y departamentales, deberán de recibir el apoyo financiero necesario para su funcionamiento del Gobierno Central.

Artículo 230. Registro General de la Propiedad. El Registro General de la Propiedad, deberá ser organizado a efecto de que en cada departamento o región, que la ley específica determine, se establezca su propio registro de la propiedad y el respectivo catastro fiscal.

Artículo 231. Región metropolitana. La ciudad de Guatemala como capital de la República y su área de influencia urbana, constituirán la región metropolitana, integrándose en la misma el Consejo Regional de Desarrollo respectivo.

Lo relativo a su jurisdicción territorial, organización administrativa y participación financiera del Gobierno Central, será determinado por la ley de la materia.

Capítulo III. Régimen de Control y Fiscalización

Artículo 232. Contraloría General de Cuentas. La Contraloría General de Cuentas es una institución técnica descentralizada, con funciones fiscalizadoras de los ingresos, egresos y en general de todo interés hacendario de los organismos del Estado, los municipios, entidades descentralizadas y autónomas, así como de cualquier persona que reciba fondos del Estado o que haga colectas públicas.

También están sujetos a esta fiscalización los contratistas de obras públicas y cualquier otra persona que, por delegación del Estado, invierta o administre fondos públicos.

Su organización, funcionamiento y atribuciones serán determinados por la ley.

Artículo 233. Elección del Contralor General de Cuentas. El jefe de la Contraloría General de Cuentas, será electo para un periodo de cuatro años, por el Congreso de la República, por mayoría absoluta de diputados que conformen dicho Organismo. Solo podrá ser removido por el Congreso de la República por mayoría absoluta de diputados que conforme dicho organismo. Solo podrá ser removido por el Congreso de la República los casos de negligencia, delito y falta de idoneidad. Rendirá informe de su gestión al Congreso de la República, cada vez que sea requerido y de oficio dos veces al año. Gozará de iguales inmunidades que los magistrados de la Corte de Apelaciones. En ningún caso el Contralor General de Cuentas podrá ser reelecto.

Artículo 234. Requisitos del Contralor General de Cuentas. Para ser Contralor General de Cuentas se requiere ser guatemalteco mayor de cuarenta años, de reconocida honorabilidad y prestigio profesional, estar en el goce de sus derechos ciudadanos, no tener juicio pendiente en materia de cuentas y haber ejercido su profesión por lo menos diez años.

Artículo 235. Facultades del Contralor General de Cuentas. El Contralor General de Cuentas tiene la facultad de nombrar y remover a los funcionarios y empleados de las distintas dependencias de la Contraloría y para nombrar interventores en los asuntos de su competencia, todo ello conforme a la Ley de Servicio Civil.

Artículo 236. Recursos legales. Contra los actos y las resoluciones de la Contraloría General de Cuentas, proceden los recursos judiciales y administrativos que señala la ley.

Capítulo IV. Régimen Financiero

Artículo 237. Presupuesto General de Ingresos y Egresos del Estado. El Presupuesto General de Ingresos y Egresos del Estado, aprobado para cada ejercicio fiscal, de conformidad con lo establecido en esta Constitución, incluirá la estimación de todos los ingresos a obtener y los gastos por realizar.

La unidad del presupuesto es obligatoria y su estructura programática. Todos los ingresos del Estado constituyen un fondo común indivisible destinado exclusivamente a cubrir sus egresos.

Los organismos, las entidades descentralizadas y las autónomas podrán tener presupuestos y fondos privativos cuando la ley así lo establezca. Sus presupuestos se enviarán anualmente al Ejecutivo y al Congreso de la República, para su conocimiento e integración al Presupuesto General y además estarán sujetos a los controles y fiscalización de los órganos correspondientes del Estado.

Todo egreso extraordinario deberá ser decretado por el Congreso de la República como ampliación del Presupuesto General de Ingresos y Egresos del Estado, y su aprobación deberá llenar los mismos requisitos que se rijan para la aprobación del presupuesto ordinario.

Artículo 238. Ley Orgánica del Presupuesto. La Ley Orgánica del Presupuesto regulará:

a) La formulación, ejecución y liquidación del Presupuesto General de Ingresos y Egresos del estado y las normas a las que conforme esta Constitución se somete su discusión y aprobación;

b) Los casos en que puedan transferirse fondos dentro del total asignado para cada organismo, dependencia, entidad descentralizada o autónoma, las transferencias de partidas deberán ser notificadas de inmediato al Congreso de la República y a la Contraloría de Cuentas;

c) El uso de economías y la inversión de cualquier superávit e ingresos eventuales;

d) Las normas y regulaciones a que está sujeto todo lo relativo a la deuda pública interna y externa, su amortización y pago;

e) Las medidas de control y fiscalización a las entidades que tengan fondos privativos, en lo que respecta a la aprobación y ejecución de su presupuesto;

f) La forma de remuneración de todos los funcionarios y empleados públicos, incluyendo los de las entidades descentralizadas.

Regulará específicamente los casos en los que algunos funcionarios, excepcionalmente y por ser necesario para el servicio público, percibirán gastos de representación.

Quedan prohibidas cualesquiera otras formas de remuneración y será personalmente responsable quien las autorice;

g) La forma de comprobar los gastos públicos y los casos muy calificados y aprobados por el Congreso de la República, en los que se eroguen gastos no comportables y de naturaleza confidencial; y

h) Las formas de recaudación de los ingresos públicos.

Artículo 239. Principio de legalidad. Corresponde con exclusividad al Congreso de la República, decretar impuestos ordinarios y extraordinarios, arbitrios y contribuciones especiales, conforme a las necesidades del Estado y de acuerdo a la equidad y justicia tributaria, así como determinar las bases de recaudación, especialmente las siguientes:

a) El hecho generador de la relación tributaria;

b) Las exenciones;

c) El sujeto pasivo del tributo y la responsabilidad solidaria;

d) La base imponible y el tipo impositivo;

e) Las deducciones, los descuentos, reducciones y recargos; y

f) Las infracciones y sanciones tributarias.

Son nulas ipso jure las disposiciones, jerárquicamente inferiores a la ley, que contradigan o tergiversen las normas legales reguladoras de las bases de recaudación del tributo. Las disposiciones reglamentarias no podrán modificar dichas bases y se concretarán a normar lo relativo al cobro administrativo del tributo y establecer los procedimientos que faciliten su recaudación.

Artículo 240. Fuente de inversiones y gastos del Estado. Toda ley que implique inversiones y gastos del Estado, debe indicar la fuente de donde se tomarán los fondos destinados a cubrirlos.

Artículo 241. Rendición de cuentas del Estado. El Organismo Ejecutivo presentará anualmente al Congreso de la República la rendición de cuentas del Estado.

El ministerio respectivo formulará la liquidación del presupuesto anual y la someterá a conocimiento de la Contraloría General de Cuentas dentro de los tres primeros meses de cada año. Recibida la liquidación la Contraloría General de Cuentas rendirá informe y emitirá dictamen en un plazo no mayor de dos meses, debiendo remitirlos al Congreso de la República, el que aprobará o improbará la liquidación.

En caso de improbación, el Congreso de la República deberá pedir los informes o explicaciones pertinentes y si fuere por causas punibles se certificará lo conducente al Ministerio Público.

Aprobada la liquidación del presupuesto, se publicará en el Diario Oficial una síntesis de los estados financieros del Estado.

Los organismos, entidades descentralizadas o autónomas del Estado, con presupuesto propio, presentarán al Congreso de la República en la misma forma y plazo, la liquidación correspondiente, para satisfacer el principio de unidad en la fiscalización de los ingresos y egresos del Estado.

Artículo 242. Fondo de garantía. Con el fin de financiar programas de desarrollo económico y social que realizan las organizaciones no lucrativas del sector privado, reconocidas legalmente en el país, el Estado constituirá un fondo específico de garantía de sus propios recursos, de entidades descentralizadas o autónomas, de aportes privados o de origen internacional. Una ley regulará esta materia.

Artículo 243. Principio de capacidad de pago. El sistema tributario debe ser justo y equitativo. Para el efecto las leyes tributarias serán estructuradas conforme al principio de capacidad de pago.

Se prohiben los tributos confiscatorios y la doble o múltiple tributación interna. Hay doble o múltiple tributación cuando un mismo hecho generador atribuible al mismo sujeto pasivo, es gravado dos o más veces, por uno o más sujetos con poder tributario y por el mismo evento o periodo de imposición.

Los casos de doble o múltiple tributación al ser promulgada la presente Constitución, deberán eliminarse progresivamente, para no dañar al fisco.

Capítulo V. Ejército

Artículo 244. Integración, organización y fines del Ejército. El Ejército de Guatemala, es una institución destinada a mantener la independencia, la soberanía y el honor de Guatemala, la integridad del territorio, la paz y la seguridad interior y exterior.

Es único e indivisible, esencialmente profesional, apolítico, obediente y no deliberante.

Está integrado por fuerzas de tierra, aire y mar.

Su organización es jerárquica y se basa en los principios de disciplina y obediencia.

Artículo 245. Prohibición de grupos armados ilegales. Es punible la organización y funcionamiento de grupos armados no regulados por las leyes de la República y sus reglamentos.

Artículo 246. Cargos y atribuciones del Presidente en el Ejército. El Presidente de la República es el Comandante General del Ejército e impartirá sus ordenes por conducto del oficial general o coronel o su equivalente en la Marina de Guerra, que desempeñe el cargo de Ministro de la Defensa Nacional. En ese carácter tiene las atribuciones que le señale la ley y en especial las siguientes:

a) Decretar la movilización y desmovilización; y

b) Otorgar los ascensos de la oficialidad del Ejército de Guatemala en tiempo de paz y en estado de guerra, así como conferir condecoraciones y honores militares en los casos y formas establecidas por la Ley Constitutiva del Ejército y demás leyes y reglamentos militares. Puede asimismo, conceder pensiones extraordinarias.

Artículo 247. Requisitos para ser oficial del Ejército. Para ser oficial del Ejército de Guatemala, se requiere ser guatemalteco de origen y no haber adoptado en ningún tiempo nacionalidad extranjera.

Artículo 248. Prohibiciones. Los integrantes del Ejército de Guatemala en servicio activo, no pueden ejercer el derecho de sufragio, ni el derecho de petición en materia política. Tampoco pueden ejercer el derecho de petición en forma colectiva.

Artículo 249. Cooperación del Ejército. El Ejército prestará su cooperación en situaciones de emergencia o calamidad pública.

Artículo 250. Régimen legal del Ejército. El Ejército de Guatemala se rige por lo preceptuado en la Constitución, su Ley Constitutiva y demás leyes y reglamentos militares.

Capítulo VI. Ministerio Público

Artículo 251. Ministerio Público. El Ministerio Público es una institución auxiliar de la administración pública y de los tribunales con funciones autónomas, cuyos fines principales son velar por el estricto cumplimiento de las leyes del país y ejercer la representación del Estado.

Su organización y funcionamiento se regirá por su ley orgánica.

Artículo 252. Procurador General de la Nación. Jefe del Ministerio Público. El Procurador General de la Nación, será nombrado por el Presidente de la República, quien podrá también removerlo mediante causa justa debidamente establecida. Para ser Procurador General de la Nación, se necesita ser abogado colegiado y tener las mismas calidades correspondientes a magistrado de la Corte Suprema de Justicia.

El Procurador General de la Nación y Jefe del Ministerio Público, durará cinco años en el ejercicio de sus funciones, tendrá las mismas preeminencias e inmunidades que los magistrados de la Corte Suprema de Justicia.

Capítulo VII. Régimen Municipal

Artículo 253. Autonomía Municipal. Los municipios de la República de Guatemala, son instituciones autónomas.
Entre otras funciones les corresponde:
a) Elegir a sus propias autoridades;
c) Obtener y disponer de sus recursos; y
d) Atender los servicios públicos locales, el ordenamiento territorial de su jurisdicción y el cumplimiento de sus fines propios.
Para los efectos correspondientes emitirán las ordenanzas y reglamentos respectivos.

Artículo 254. Gobierno municipal. El gobierno municipal será ejercido por una corporación, la cual se integra por el alcalde y por síndicos y concejales, todos electos directa y popularmente en cada municipio, en la forma y por el periodo que establezcan las leyes de la materia.

Artículo 255. Recursos económicos del municipio. Las corporaciones municipales deberán procurar el fortalecimiento económico de sus respectivos municipios, a efecto de poder realizar las obras y prestar los servicios que les sean necesarios.
La captación de recursos deberá ajustarse al principio establecido en el **Artículo** 239 de esta Constitución, a la ley y a las necesidades de los municipios.

Artículo 256. Clasificación de las municipalidades. La ley clasificará las municipalidades en categorías, atendiendo a la realidad demográfica del municipio, a su capacidad económica, a su importancia político administrativa, a su desarrollo cultural y a otras circunstancias de interés para el municipio.

Artículo 257. Presupuesto para obras de infraestructura municipal. El Organismo Ejecutivo velará porque anualmente, del Presupuesto General de Ingresos Ordinarios del Estado, se fije y traslade un ocho por ciento del mismo a las municipalidades del país, a través del Consejo Nacional de Desarrollo Urbano y Rural. Este porcentaje deberá ser distribuido en la forma que la ley determine, y destinado exclusivamente a obras de infraestructura y servicios públicos que mejoren el ingreso y la calidad de vida de los habitantes, las cuales por su magnitud no pueden ser financiadas por los propios municipios.

Artículo 258. Derecho de antejuicio de los alcaldes. Los alcaldes no podrán ser detenidos ni enjuiciados, sin que preceda declaración de autoridad judicial competente de que ha lugar a formación de causa, salvo el caso de flagrante delito.

Artículo 259. Juzgado de Asuntos Municipales. Para la ejecución de sus ordenanzas y el cumplimiento de sus disposiciones, las municipalidades podrán crear, de conformidad con la ley, su Juzgado de Asuntos Municipales y su Cuerpo de Policía de acuerdo con sus recursos y necesidades, los que funcionarán bajo ordenes directas del alcalde.

Artículo 260. Privilegios y garantías de los bienes municipales. Los bienes, rentas, arbitrios y tasas son propiedad exclusiva del municipio y gozarán de las mismas garantías y privilegios de la propiedad del Estado.

Artículo 261. Prohibiciones de eximir tasas o arbitrios municipales. Ningún organismo del Estado está facultado para eximir de tasas y arbitrios municipales a personas individuales o jurídicas, salvo las propias municipalidades y lo que al respecto establece esta Constitución.

Artículo 262. Ley de Servicio Municipal. Las relaciones laborales de los funcionarios y empleados de las municipalidades, se normarán por la Ley de Servicio Municipal.

Título VI. Garantías Constitucionales. Defensa del Orden Constitucional

Capítulo I. Exhibición personal

Artículo 263. Derecho a la exhibición personal. Quien se encuentra ilegalmente preso, detenido o cohibido de cualquier otro modo del goce de su libertad individual, amenazado de la perdida de ella, o sufriere vejámenes, aun cuando su prisión o detención fuere fundada en ley, tiene derecho a pedir su inmediata exhibición ante los tribunales de justicia, ya sea con el fin de que se le restituya o garantice su libertad, se hagan cesar los vejámenes o termine la coacción a que estuviere sujeto.

Si el tribunal decretare la libertad de la persona ilegalmente recluida, esta quedará libre en el mismo acto y lugar.

Cuando así se solicite o el juez o tribunal lo juzgue pertinente, la exhibición reclamada se practicará en el lugar donde se encuentre el detenido sin previo aviso ni notificación.

Es ineludible la exhibición personal del detenido en cuyo favor se hubiere solicitado.

Artículo 264. Responsabilidades de los infractores. Las autoridades que ordenen el ocultamiento del detenido o que se nieguen a presentarlo al tribunal respectivo, o que en cualquier forma burlen esta garantía, así como los agentes ejecutores, incurrirán en el delito de plagio y serán sancionados de conformidad con la ley.

Si como resultado de las diligencias practicadas no se localiza a la persona a cuyo favor se interpuso la exhibición, el tribunal de oficio, ordenará inmediatamente la pesquisa del caso, hasta su total esclarecimiento.

Capítulo II. Amparo

Artículo 265. Procedencia del amparo. Se instituye el amparo con el fin de proteger a las personas contra las amenazas de violaciones a sus derechos o para restaurar el imperio de los mismos cuando la violación hubiere ocurrido. No hay ámbito que no sea susceptible de amparo, y procederá siempre que los actos, resoluciones disposiciones o leyes de autoridad lleven implícitos una amenaza, restricción o violación a los derechos que la Constitución y las leyes garantizan.

Capítulo III. Inconstitucionalidad de las leyes

Artículo 266. Inconstitucionalidad de las leyes en casos concretos. En casos concretos, en todo proceso de cualquier competencia o jurisdicción, en cualquier instancia y en casación hasta antes de dictarse sentencia, las partes podrán plantear como acción, excepción o incidente, la inconstitucionalidad total o parcial de una ley. El tribunal deberá pronunciarse al respecto.

Artículo 267. Inconstitucionalidad de las leyes de carácter general. Las acciones en contra de leyes, reglamentos o disposiciones de carácter general que contengan vicio parcial o total de inconstitucionalidad, se plantearán directamente ante el Tribunal o Corte de Constitucionalidad.

Capítulo IV. Corte de Constitucionalidad

Artículo 268. Función esencial de la Corte de Constitucionalidad. La Corte de Constitucionalidad es un tribunal permanente de jurisdicción privativa, cuya función esencial es la defensa del orden constitucional; actúa como tribunal colegiado con independencia de los demás organismos del Estado y ejerce funciones específicas que la asigna la Constitución y la ley de la materia.

La independencia económica de la Corte de Constitucionalidad, será garantizada con un porcentaje de los ingresos que correspondan al Organismo Judicial.

Artículo 269. Integración de la Corte de Constitucionalidad. La Corte de Constitucionalidad se integra por cinco magistrados titulares, cada uno de los cuales tendrá su respectivo suplente. Cuando conozca de asuntos de inconstitucionalidad en contra de la Corte Suprema de Justicia, el Congreso de la República, el Presidente o el Vicepresidente de la República, el número de sus integrantes se elevará a siete, escogiéndose los otros dos magistrados por sorteo de entre los suplentes.

Los magistrados durarán en sus funciones cinco años y serán designados en la siguiente forma:

a) Un magistrado por el pleno de la Corte Suprema de Justicia;

b) Un magistrado por el pleno del Congreso de la República;

c) Un magistrado por el Presidente de la República en Consejo de Ministros;

d) Un magistrado por el Consejo Superior Universitario de la Universidad de San Carlos de Guatemala; y
e) Un magistrado por la Asamblea del Colegio de Abogados.

Simultáneamente con la designación del titular, se hará la del respectivo suplente, ante el Congreso de la República.

La instalación de la Corte de Constitucionalidad se hará efectiva noventa días después que la del Congreso de la República.

Artículo 270. Requisitos de los magistrados de la Corte de Constitucionalidad. Para ser magistrado de la Corte de Constitucionalidad, se requiere llenar los siguientes requisitos:

a) Ser guatemalteco de origen;
b) Ser abogado colegiado;
c) Ser de reconocida honorabilidad; y
d) Tener por lo menos quince años de graduación profesional.

Los magistrados de la Corte de Constitucionalidad gozarán de las mismas prerrogativas e inmunidades que los magistrados de la Corte Suprema de Justicia.

Artículo 271. Presidencia de la Corte de Constitucionalidad. La Presidencia de la Corte de Constitucionalidad será desempeñada por los mismos magistrados titulares que la integran, en forma rotativa, en periodo de un año, comenzando por el de mayor edad y siguiendo en orden descendente de edades.

Artículo 272. Funciones de la Corte de Constitucionalidad. La Corte de Constitucionalidad tiene las siguientes funciones:

a) Conocer en única instancia de las impugnaciones interpuestas contra leyes o disposiciones de carácter general, objetadas parcial o totalmente de inconstitucionalidad;

b) Conocer en única instancia en calidad de Tribunal Extraordinario de Amparo en las acciones de amparo interpuestas en contra del Congreso de la República la Corte Suprema de Justicia, el Presidente y el Vicepresidente de la República;

c) Conocer en apelación de todos los amparos interpuestos ante cualquiera de los tribunales de justicia. Si la apelación fuere en contra de una resolución de amparo de la Corte Suprema de Justicia, la Corte de Constitucionalidad se ampliará con dos vocales en la forma prevista en el **Artículo 268**;

d) Conocer en apelación de todas las impugnaciones en contra de las leyes objetadas de inconstitucionalidad en casos concretos, en cualquier juicio, en casación o en los casos contemplados por la ley de la materia;

e) Emitir opinión sobre la constitucionalidad de los tratados, convenios y proyecto de ley, a solicitud de cualquiera de los organismos del Estado;

f) Conocer y resolver lo relativo a cualquier conflicto de jurisdicción en materia de constitucionalidad;

f) Compilar la doctrina y principios constitucionales que se vayan sentando con motivo de las resoluciones de amparo y de inconstitucionalidad de las leyes, manteniendo al día el boletín o gaceta jurisprudencial;

g) Emitir opinión sobre la inconstitucionalidad de las leyes vetadas por el Ejecutivo alegando inconstitucionalidad;

h) Actuar, opinar, dictaminar o conocer de aquellos asuntos de su competencia establecidos en la Constitución de la República.

Capítulo V. Comisión y Procurador de Derechos Humanos

Artículo 273. Comisión de Derechos Humanos y Procurador de la Comisión. El Congreso de la República designará una Comisión de Derechos Humanos formada por un diputado por cada partido político representado en el correspondiente periodo. Esta Comisión propondrá al Congreso tres candidatos para la elección de un Procurador, que deberá reunir las calidades de los magistrados de la Corte Suprema de Justicia y gozará de las mismas inmunidades y prerrogativas de los diputados al Congreso. La ley regulará las atribuciones de la Comisión y del Procurador de los Derechos Humanos a que se refiere este **Artículo.**

Artículo 274. Procurador de los derechos Humanos. El Procurador de Derechos Humanos es un comisionado del Congreso de la República para la defensa de los derechos Humanos que la Constitución garantiza. Tendrá facultades de supervisar la administración; ejercerá su cargo por un periodo de cinco años, y rendirá informe anual al pleno del Congreso, con el que se relacionará a través de la Comisión de Derechos Humanos.

Artículo 275. Atribuciones del Procurador de los Derechos Humanos. Tiene las siguientes atribuciones:

a) Promover el buen funcionamiento y la agilización de la gestión administrativa gubernamental, en materia de Derechos Humanos;

b) Investigar y denunciar comportamientos administrativos lesivos a los intereses de las personas;

c) Investigar toda clase de denuncias que le sean planteadas por cualquier persona, sobre violaciones a los Derechos Humanos;

d) Recomendar privada o públicamente a los funcionarios la modificación de un comportamiento administrativo objetado;

e) Emitir censura pública por actos o comportamientos en contra de los derechos constitucionales;

f) Promover acciones o recursos, judiciales o administrativos, en los casos en que sea procedente; y

g) Las otras funciones y atribuciones que le asigne la ley.

El Procurador de los Derechos Humanos, de oficio o a instancia de parte, actuará con la debida diligencia para que, durante el régimen de excepción, se garanticen a plenitud los derechos fundamentales cuya vigencia no hubiere sido expresamente restringida. Para el cumplimiento de sus funciones todos los días y horas son hábiles.

Capítulo VI. Ley de Amparo, Exhibición Personal y de Constitucionalidad

Artículo 276. Ley Constitucional de la materia. Una ley constitucional desarrollará lo relativo al amparo a la exhibición personal y a la constitucionalidad de las leyes.

Título VII. Reformas a la Constitución

Capítulo único. Reformas a la Constitución

Artículo 277. Iniciativa. Tiene iniciativa para proponer reformas a la Constitución:

a) El Presidente de la República en Consejo de Ministros;
b) Diez o más diputados al Congreso de la República;
c) La Corte de Constitucionalidad; y
d) El pueblo mediante petición dirigida al Congreso de la República, por no menos de cinco mil ciudadanos debidamente empadronados por el Registro de Ciudadanos.

En cualquiera de los casos anteriores, el Congreso de la República debe ocuparse sin demora alguna del asunto planteado.

Artículo 278. Asamblea Nacional Constituyente. Para reformar este o cualquier **Artículo** de los contenidos en el Capítulo I del Título II de esta Constitución, es indispensable que el Congreso de la República, con el voto afirmativo de los dos terceras partes de los miembros que lo integran, convoque a una Asamblea Nacional Constituyente. En el decreto de convocatoria señalará el **Artículo** o los artículos que haya de revisarse y se comunicara al Tribunal Supremo Electoral para que fije la fecha en que se llevarán a cabo las elecciones dentro del plazo máximo de ciento veinte días, procediéndose en lo demás conforme a la Ley Electoral Constitucional.

Artículo 279. Diputados a la Asamblea Nacional Constituyente. La Asamblea Nacional Constituyente y el Congreso de la República podrán funcionar simultáneamente. Las calidades requeridas para ser diputado a la Asamblea Nacional Constituyente son las mismas que se exigen para ser Diputado al Congreso y los diputados constituyentes gozarán de iguales inmunidades y prerrogativas.

No se podrá simultáneamente ser diputado a la Asamblea Nacional Constituyente y al Congreso de la República.

Las elecciones de diputados a la Asamblea Nacional Constituyente, el número de diputados a elegir y las demás cuestiones relacionadas, con el proceso electoral se normarán en igual forma que las elecciones al Congreso de la República.

Artículo 280. Reformas por el Congreso y consulta popular. Para cualquier otra reforma constitucional, será necesario que el Congreso de la República la apruebe con el voto afirmativo de las dos terceras partes del total de diputados. Las reformas no entrarán en vigencia sino hasta que sean ratificadas mediante la consulta popular a que se refiere el **Artículo** 173 de esta Constitución.

Si el resultado de la consulta popular fuere de ratificación de la reforma, esta entrará en vigencia sesenta días después que el Tribunal Supremo Electoral anuncie el resultado de la consulta.

Artículo 281. Artículos no reformables. En ningún caso podrán reformarse los artículos 140, 141, 165 inciso g), 186 y 187, ni en forma alguna toda cuestión que se refiera a la forma republicana de gobierno, al principio de no reelección para el ejercicio de la Presidencia de la República, ni restársele efectividad o vigencia a los artículos que estatuyen la alternabilidad en el ejercicio de la Presidencia de la República, así como tampoco dejárseles en suspenso o de cualquier otra manera variar o modificar su contenido.

Título VIII. Disposiciones transitorias y finales

Capítulo único. Disposiciones transitorias y finales

Artículo 1. Ley de Servicio del Organismo Legislativo. La ley específica que regule las relaciones del Organismo Legislativo con su personal, deberá ser emitida dentro de los treinta días siguientes a la instalación de dicho Organismo.

Artículo 2. Juzgados menores. Ninguna autoridad municipal desempeñará funciones judiciales, por lo que en un plazo no mayor de dos años a partir de la vigencia de esta Constitución, deberán desligarse de las municipalidades del país los juzgados menores y el Organismo Judicial nombrará a las autoridades específicas, regionalizando y designando jueces en donde corresponda. Dentro de ese plazo deberán dictarse las leyes y otras disposiciones necesarias para el debido cumplimiento de este **Artículo.**

Artículo 3. Conservación de la nacionalidad. Quienes hubieren obtenido la nacionalidad guatemalteca, de origen o por naturalización, la conservarán con plenitud de derechos. El Congreso de la República emitirá una ley relativa a la nacionalidad, a la brevedad posible.

Artículo 4. Gobierno de facto. El Gobierno de la República, organizado de acuerdo con el Estatuto Fundamental de Gobierno y sus reformas, conservará sus funciones hasta que tome posesión la persona electa para el cargo de Presidente de la República.

El Estatuto Fundamental de Gobierno contenido en Decreto Ley 24-82 de fecha 27 de Abril de 1982, 36-82 de fecha 9 de junio de 1982, 87-83 de fecha 8 de agosto de 1983 y demás reformas, continuarán en vigencia hasta el momento de inicio de la vigencia de esta Constitución.

Artículo 5. Elecciones generales. El 3 de noviembre de 1985 se practicarán elecciones generales para Presidente y Vicepresidente de la República, diputados al Congreso de la República y corporaciones municipales de todo el país, de acuerdo con lo establecido por la Ley Electoral específica emitida por la Jefatura de Estado para la celebración de dichas elecciones generales.

Si fuere procedente, se efectuará una segunda elección para Presidente y Vicepresidente de la República, el 8 de diciembre de 1985 con sujeción a la misma ley.

El Tribunal Supremo Electoral organizará dichos comicios y hará la calificación definitiva de sus resultados, proclamando a los ciudadanos electos.

Artículo 6. Congreso de la República. La Asamblea Nacional Constituyente dará posesión de sus cargos a los diputados declarados electos por el Tribunal Supremo Electoral el día 14 de enero de 1986.

Los diputados electos al Congreso de la República celebrarán sesiones preparatorias de manera que en el mismo acto de toma de posesión de sus cargos, tome posesión también la Junta Directiva del Congreso de la República integrada en la forma que establece esta Constitución.

Artículo 7. Disolución de la Asamblea Nacional Constituyente. Una vez cumplido el mandato de dar posesión a los diputados electos al Congreso de la República y quedar organizado el Congreso, el día 14 de enero de 1986, la Asamblea Nacional Constituyente de la República de Guatemala, electa el 1 de julio de 1984, dará por terminadas sus funciones y por agotado su mandato ese mismo día, procediendo a disolverse. Previamente a su disolución, examinará sus cuentas y les concederá su aprobación.

Artículo 8. Presidencia de la República. El Congreso de la República una vez instalado conforme a las normas precedentes, queda obligado a dar posesión de su cargo a la persona declarada electa como Presidente de la República por el Tribunal Supremo Electoral y lo cual hará en sesión solemne que celebrará, a más tardar, a las 16:00 horas del día 14 de enero de 1986. En el mismo acto, el Congreso de la República dará posesión de su cargo a la persona declarada electa por el Tribunal Supremo Electoral como Vicepresidente de la República.

En las sesiones preparatorias del Congreso de la República, elaborará y organizará el ceremonial necesario.

Artículo 9. Municipalidades. Las corporaciones municipales electas tomarán posesión de sus cargos e iniciarán el periodo para el que fueran electas, el 15 de enero de 1986.

El Congreso de la República deberá emitir un nuevo Código Municipal, la Ley de Servicio Municipal, Ley Preliminar de Regionalización y un Código Tributario Municipal, ajustados a los preceptos constitucionales, a más tardar, en el plazo de un año a contar de la instalación del Congreso.

Artículo 10. Corte Suprema de Justicia. Los magistrados de la Corte Suprema de Justicia y demás funcionarios cuya designación corresponda al Congreso de la República, por esta vez, serán nombrados y tomarán posesión de sus cargos en el tiempo comprendido del 15 de enero de 1986 al 14 de febrero del mismo año. Su periodo terminará en las fechas establecidas en esta Constitución y la Ley de Servicio Civil del Organismo Judicial.

Seis meses después de haber tomado posesión de sus cargos los integrantes de la Corte Suprema de Justicia, en ejercicio de su iniciativa de ley, deberán enviar al Congreso de la República el proyecto de ley de integración del Organismo Judicial.

Artículo 11. Organismo Ejecutivo. Dentro del primer año de vigencia de esta Constitución, el Presidente de la República, en ejercicio de su iniciativa de ley, deberá enviar al Congreso de la República el proyecto de ley del Organismo Ejecutivo.

Artículo 12. Presupuesto. A partir del inicio de la vigencia de la Constitución, el Gobierno de la República podrá someter al conocimiento del Congreso de la República el Presupuesto General de Ingresos y Egresos del Estado puesto en vigencia por el anterior gobierno. De no modificarse, continuará su vigencia durante el ejercicio fiscal de 1986.

Artículo 13. Asignación para alfabetización. Se asigna a la alfabetización el uno por ciento del Presupuesto General de Ingresos Ordinarios del Estado, para erradicar el analfabetismo de la población económica activa, durante los tres primeros gobiernos originados de esta Constitución, asignación que se deducirá, en esos periodos, del porcentaje establecido en el **Artículo 91** de esta Constitución.

Artículo 14. Comité Nacional de Alfabetización. La aprobación de los presupuestos y programas de alfabetización, la fiscalización y supervisión de su desarrollo, estarán a cargo de un Comité Nacional de Alfabetización compuesto por los sectores público y privado, la mitad más uno de sus miembros será del sector público. Una Ley de Alfabetización será emitida por el Congreso de la República en los seis meses siguientes a la vigencia de esta Constitución.

Artículo 15. Integración de Petén. Se declara de urgencia nacional, el fomento y desarrollo económico del departamento de Petén, para su efectiva integración a la economía nacional. La ley determinará las medidas y actividades que tiendan a tales propósitos.

Artículo 16. Decretos-Leyes. Se reconoce la validez jurídica de los decretos-leyes emanados del Gobierno de la República a partir del 23 de marzo de 1982, así como a todos los actos administrativos y de gobierno realizados de conformidad con la ley a partir de dicha fecha.

Artículo 17. Financiamiento a Partidos Políticos. Los partidos políticos gozarán de financiamiento, a partir de las elecciones generales del 3 de noviembre de 1985, el que será regulado por la Ley Electoral Constitucional.

Artículo 18. Divulgación de la Constitución. En el curso del año de su vigencia, esta Constitución será ampliamente divulgada en lenguas Quiche, Mam, Cakchiquel y Kekchi.

Artículo 19. Belice. El Ejecutivo queda facultado para realizar las gestiones que tiendan a resolver la situación de los derechos de Guatemala respecto a Belice, de conformidad con los intereses nacionales. Todo acuerdo definitivo deberá ser sometido por el Congreso de la República al procedimiento de consulta popular previsto en el **Artículo** 173 de la Constitución.

El Gobierno de Guatemala promoverá relaciones sociales, económicas y culturales con la población de Belice.

Para los efectos de nacionalidad, los beliceños de origen quedan sujetos al régimen que esta Constitución establece para los originarios de los países centroamericanos.

Artículo 20. Epígrafes. Los epígrafes que preceden a los artículos de esta Constitución, no tienen validez interpretativa y no pueden ser citados con respecto al contenido y alcances de las normas constitucionales.

Artículo 21. Vigencia de la Constitución. La presente Constitución Política de la República de Guatemala entrará en vigencia el día 14 de enero de 1986 al quedar instalado el Congreso de la República y no pierde su validez y vigencia pese a cualquier interrupción temporal derivada de situaciones de fuerza.

Se exceptúan de la fecha de vigencia el presente **Artículo** y los artículos 4, 5, 6, 7, 8, 17 y 20 de las disposiciones transitorias y finales de esta Constitución, los cuales entrarán en vigor el 1 de junio de 1985.

Artículo 22. Derogatoria. Se derogan todas las Constituciones de la República de Guatemala y reformas constitucionales decretadas con anterioridad a la presente, así como cualesquiera leyes y disposiciones que hubiesen surtido iguales efectos.

Dado en el salón de sesiones de la asamblea nacional constituyente; en la ciudad de Guatemala; a los treinta y un días del mes de mayo de mil novecientos ochenta y cinco.

Roberto Carpio Nicolle; presidente alterno	Diputado por lista nacional
Héctor Aragón Quiñónez; presidente alterno	Diputado por distrito metropolitano
Ramiro de León Carpio, presidente alterno	Diputado por lista nacional
Germán Scheel Montes; primer secretario	Diputado por Quetzaltenango
Juan Alberto Salguero Cámbara, segundo secretario	Diputado por Jutiapa
Tomás Ayuso Pantoja; tercer secretario	Diputado por Retalhuleu
Antonio Arenales Forno, cuarto secretario	Diputado por el distrito metropolitano
Julio Lowenthal Foncea; quinto secretario	Diputado por lista nacional
Aída Cecilia Mejía de Rodríguez; sexto secretario	Diputado por lista nacional
Carlos Armando Soto Gómez	Diputado por lista nacional
Alfonso Alonso Barillas	Diputado por lista nacional
José Francisco López Vidaurre	Diputado por lista nacional
Roberto Adolfo Valle Valdizán	Diputado por lista nacional
Jorge Skinner-Klee	Diputado por lista nacional
Telesforo Guerra Cahn	Diputado por lista nacional
Fernando Linares Beltanena	Diputado por lista nacional
Mario Taracena Díaz-Sol	Diputado por lista nacional
Carlos Roberto Molina Mencos	Diputado por lista nacional
Roberto Juan Cordón Schwank	Diputado por lista nacional
Rudy Fuentes Sandoval	Diputado por lista nacional
Danilo Estuardo Parrinello Blanco	Diputado por lista nacional
Rafael Arriaga Martínez	Diputado por lista nacional
Aquiles Faillace Morán	Diputado por lista nacional
Alejandro Maldonado Aguirre	Diputado por lista nacional
Graciela Eunice Lima Schaul	Diputado por lista nacional

José Adán Herrera López	Diputado por lista nacional
René Arenas Gutiérrez	Diputado por lista nacional
Luis Alfonso López	Diputado por lista nacional
Pedro Adolfo Murillo Delgado	Diputado por el distrito metropolitano
José Alfredo Gracia Siekavizza	Diputado por el distrito metropolitano
Luis Alfonso Cabrera Hidalgo	Diputado por el distrito metropolitano
Ana Catalina Soberanis Reyes	Diputado por el distrito metropolitano
Carlos Alfonso González Quezada	Diputado por el distrito metropolitano
Gabriel Larios Ochaita	Diputado por municipios de Guatemala
Richard Allan Shaw Arrivillaga	Diputado por municipios de Guatemala
Carlos Benjamín Escobedo Rodríguez	Diputado por municipios de Guatemala
Edgar de León Vargas	Diputado por municipios de Guatemala
Víctor Hugo Godoy Morales	Diputado por municipios de Guatemala
José Francisco García Bauer	Diputado por Sacatepéquez
José Armando Vides Tobar	Diputado por Sacatepéquez
Andrés Coyote Patal	Diputado por Chimaltenango
José Adalberto González López	Diputado por Chimaltenango
Edgar Francisco Gudiel Lemus	Diputado por el Progreso
Julio Cesar Pivaral y Pivaral	Diputado por el Progreso
Walterio Díaz lozano	Diputado por el Escuintla
César de Paz de León	Diputado por el Escuintla
Joaquín Arturo López Roca	Diputado por el Escuintla
Marco Antonio Rojas de Yapán	Diputado por Santa Rosa
Edgar Rolando Figueredo Ara	Diputado por Santa Rosa
Wenceslao Baudilio Ordóñez Mogollón	Diputado por Solola
Rafael Téllez García	Diputado por Solola
Gilberto Recinos Figueroa	Diputado por Quetzaltenango
Miguel Ángel Valle Tobar	Diputado por Quetzaltenango
Mauricio Quixtan	Diputado por Quetzaltenango
Milton Arnoldo Aguirre Fajardo	Diputado por Zacapa
Elder Vargas Estradas	Diputado por Zacapa

Boanerges Elixalen Villeda Moscoso	Diputado por Chiquimula
Juan César García Portillo	Diputado por Chiquimula
José Salvador Cutz Soch	Diputado por Totonicapán
Fermín Gómez	Diputado por Totonicapán
Elián Darío Acunha Alvarado	Diputado por Suchitepéquez
Camilo Rodas Ayala	Diputado por Suchitepéquez
Marco Vinicio Conde Carpio	Diputado por Retalhuleu
Miguel Ángel Ponciano Vastillo	Diputado por San Marcos
Jorge René González Argueta	Diputado por San Marcos
Víctor Hugo Miranda Godinez	Diputado por San Marcos
Osberto Moisés Orozco Godinez	Diputado por San Marcos
Ramón Álvarez Campollo	Diputado por San Marcos
Octavio Roberto Herrera Sosa	Diputado por Huehuetanango
Óscar Lorenzo García	Diputado por Huehuetanango
Abel María Ordóñez Martínez	Diputado por Huehuetanango
Mauro Filiberto Guzmán Morales	Diputado por Huehuetanango
Jorge Antonio Reyna Castillo	Diputado por Baja Verapaz
Elder Gabriel Sesam Pérez	Diputado por Baja Verapaz
Francisco Castellanos López	Diputado por Petén
Guillermo Pellicer Robles	Diputado por Petén
Carlos Enrique Archila Marroquín	Diputado por Izabal
Amilcar Oliverio Solís Galván	Diputado por Izabal
Nery Danilo Sandoval Sandoval	Diputado por Jutiapa
José Roberto Alejos Cambara	Diputado por Jutiapa
José Raúl Sandoval Portillo	Diputado por Jalapa
Rolando Agapito Sandoval Sandoval	Diputado por Jalapa
Edgar Arnoldo López Staub	Diputado por Quiche
Silverio de León López	Diputado por Quiche
José Francisco Monroy Galindo	Diputado por Quiche
Francisco Waldemar Hidalgo Ponce	Diputado por Alta Verapaz
Eric Milton Quim Chen	Diputado por Alta Verapaz
Oliverio García Rodas	Diputado por Alta Verapaz

Libros a la carta

A la carta es un servicio especializado para
empresas,
librerías,
bibliotecas,
editoriales
y centros de enseñanza;
y permite confeccionar libros que, por su formato y concepción, sirven a los propósitos más específicos de estas instituciones.

Las empresas nos encargan ediciones personalizadas para marketing editorial o para regalos institucionales. Y los interesados solicitan, a título personal, ediciones antiguas, o no disponibles en el mercado; y las acompañan con notas y comentarios críticos.

Las ediciones tienen como apoyo un libro de estilo con todo tipo de referencias sobre los criterios de tratamiento tipográfico aplicados a nuestros libros que puede ser consultado en Linkgua-ediciones.com.

Linkgua edita por encargo diferentes versiones de una misma obra con distintos tratamientos ortotipográficos (actualizaciones de carácter divulgativo de un clásico, o versiones estrictamente fieles a la edición original de referencia).

Este servicio de ediciones a la carta le permitirá, si usted se dedica a la enseñanza, tener una forma de hacer pública su interpretación de un texto y, sobre una versión digitalizada «base», usted podrá introducir interpretaciones del texto fuente. Es un tópico que los profesores denuncien en clase los desmanes de una edición, o vayan comentando errores de interpretación de un texto y esta es una solución útil a esa necesidad del mundo académico.

Asimismo publicamos de manera sistemática, en un mismo catálogo, tesis doctorales y actas de congresos académicos, que son distribuidas a través de nuestra Web.

El servicio de «libros a la carta» funciona de dos formas.

1. Tenemos un fondo de libros digitalizados que usted puede personalizar en tiradas de al menos cinco ejemplares. Estas personalizaciones pueden ser de todo tipo: añadir notas de clase para uso de un grupo de estudiantes, introducir logos corporativos para uso con fines de marketing empresarial, etc. etc.

2. Buscamos libros descatalogados de otras editoriales y los reeditamos en tiradas cortas a petición de un cliente.

www.ingramcontent.com/pod-product-compliance
Lightning Source LLC
Chambersburg PA
CBHW030730150426
42813CB00051B/381